Annette Wolter

Der Wellensittich

Artgerecht halten

Gesund ernähren

Richtig verstehen

Fotos: Uwe Anders und
andere Tierfotografen
Zeichnungen: Renate Holzner

INHALT

1 Sich vor der Anschaffung informieren

Wie Wellensittiche in der Natur leben 8
Der Lebensraum 8
Das Leben in der Kolonie 9
Nachwuchs in der Schar 14
So kam der Wellensittich nach Europa 18

Überlegungen vor der Anschaffung 20
Männchen oder Weibchen 21
Einzel- oder Paarhaltung? 22
Wellensittiche und Kinder 25

Rechtsfragen 28
Mietrecht 28
Eigentumswohnung 28
Zucht 28
Sittichlärm 31
Fundtier 31

Worauf Sie beim Kauf achten sollten 32
Woher Sie einen Wellensittich bekommen 32
Warum der Vogel jung sein sollte 33
So sieht ein gesunder Vogel aus 34

Die beliebtesten Farbschläge 36

2 Richtig halten und pflegen

Was Wellensittiche alles brauchen 44
Der ideale Käfig 44
Die Käfig-Ausstattung 46

Mit Vögeln wohnen 50
Gefahren ausschalten 52
Der Vogelbaum 56
Der Hängefreisitz 56

Abwechslungsreiche Ernährung 58
Die Grundnahrung 58
Frischkost 61
Extras aus Ihrer Küche 64

Sorgfältige Pflege 66
So »wäscht« sich ein Wellensittich 66
Vogelpflege leicht gemacht 69

Wenn der Vogel krank wird 72
Die ersten Krankheitsanzeichen 72
Krankheiten 74
Mit dem Wellensittich zum Tierarzt 75

Wenn Ihre Vögel Eltern werden 82
Balz und Hochzeit 84
Die ersten Eier 85
Entwicklung der Küken 89

4

3 Verstehen lernen und beschäftigen

Was ein Wellensittich alles kann   92
Die Körpersprache   92
Die Lautsprache   95
Die fünf Sinne   98

Schritt für Schritt Vertrauen aufbauen   100
Die ersten Stunden   100
Handzahm machen   102
Der erste Freiflug   103
Was Wellensittiche mögen und fürchten   104

Spiel und Spaß mit dem Wellensittich   106
Spiele, die Spaß machen   107
Sprechen lernen   108
Beschäftigung für einsame Stunden   110

Haltungsprobleme richtig lösen   112
Federrupfen   112
Aggression   112
Flugunfähigkeit   113
Spielzeug als Partner   115
Zwei Wellensittiche aneinander gewöhnen   115
Panische Angst   116
Verlust des Partners   117

Allgemein Wichtiges

Meine Wellensittiche
Der persönliche Wellensittich-Steckbrief   118

Arten- und Sachregister   120
Literatur   125
Adressen   125
Impressum   126
Wichtige Hinweise   127

Kinder-Extra

Sprechen lernen   15
Schmusetiere   23
Pärchen erkennen   34
Fernsehen dürfen   46
Kinderzimmer   55
Vogel-Speiseplan   60
Beschäftigen   77
Klug sein   96
Namen geben   103
Basteln   111

Sich vor der

Gefiederte Akrobaten

Wellensittiche sind unglaublich beweglich und verfügen über eine perfekte Körperbeherrschung. Das zeigt bereits ihre Flugkunst. Sie können mitten im Schnellflug die Richtung ändern oder auf engstem Raum sicher landen. Kopfüber und kopfunter klettern – für Wellensittiche kein Problem. Auch bei der Gefiederpflege erreichen sie mühelos alle Körperpartien mit dem Schnabel.

Die Paarung wird zum Balanceakt.

Mit Hilfe der Flügel das Gleichgewicht halten.

Anschaffung informieren

Vor mehr als 150 Jahren brachte der
Naturforscher John Gould die ersten Wellen-
sittiche aus Australien mit nach England.
Heute gehören die kleinen
Papageien zu den beliebtesten
Heimvögeln der Welt.

**Jeder Tümpel, jedes Wasserloch
wird vom Schwarm zum Trinken
und Baden genutzt.**

Wie Wellensittiche in der Natur leben

Der riesige australische Kontinent, in den Deutschland etwa 30mal hineinpaßt, ist die Heimat der Wellensittiche und vieler anderer Sittich- und Papageienarten.

Der Lebensraum der Wellensittiche

Wellensittiche leben hauptsächlich in den Trockengebieten im Inneren Australiens. Dort wachsen lediglich niedrige Sträucher und harte Gräser wie etwa das Spinifexgras, die Hauptnahrungsquelle der Wellensittiche. An den wenigen Wasserlöchern und entlang der Creeks, das sind periodisch wasserführende Flußläufe, gedeihen Eukalyptusbäume.

Das Klima in Zentralaustralien ist trocken und heiß. Um die Mittagszeit kann das Thermometer auf bis zu 40 °C im Schatten ansteigen, in manchen Nächten dagegen sinkt es auf unter Null. Diese enormen Temperaturschwankungen überstehen die Wellensittiche schadlos, denn nachts schlafen sie dicht gedrängt, an-

Das Weibchen begutachtet die Bruthöhle und entscheidet, ob es hier brüten möchte.

Wellensittiche mit blauem Gefieder kommen manchmal auch in der Natur vor. Hier sind ihre Überlebenschancen jedoch gering, denn sie werden schnell zur leichten Beute von Greifvögeln.

einander gekuschelt und wärmen sich so gegenseitig. Wird es jedoch während des Winters in einem Gebiet auch tagsüber empfindlich kalt, verlassen die Vögel in Schwärmen ihren bisherigen Standort und suchen wärmere Gegenden auf. Der Lebensraum der Wellensittiche liegt in einer Klimazone, in der es keine festen Regenzeiten gibt. Meist regnet es während des Winters partiell, doch es gab Jahre, in denen kein Tropfen Regen fiel. In diesen Zeiten können sich die Wellensittiche nicht vermehren, und die Population sinkt rapid.

Bei lang andauernder Trokkenheit kam es zeitweilig vor, daß einige Schwärme bis in die Küstenregionen vordrangen, dort aber keine geeigneten Brutbedingungen vorfanden (→ rechts).

Das Leben in der Kolonie

Wellensittiche sind gesellige Vögel. Selbst ein Pärchen braucht zu seinem Wohl- und Sicherheitsgefühl die Schar um sich herum, denn Wellensittiche leben und brüten in Kolonien von 20 bis 60 Vögeln. Essen, Trinken, Baden, Schlafen, Gefiederpflege, alles geschieht in vollkommener Übereinstimmung mit der Schar.

Stets läßt sich die Vogelschar in der Nähe einer Wasserstelle nieder. Eine Gruppe hoher Eukalyptusbäume wird dann zum Lebensgebiet der Wellensittich-Kolonie.

Außerhalb der Brutperiode wählt sich die Schar auf einem Baum einen gemeinsamen Schlafplatz.

Während der Brutperiode sind an einem Baum mehrere Bruthöhlen dicht beisammen zu finden, und jeder weitere Brutbaum ist in Hör- und Sichtweite der Schar.

Am frühen Morgen und am späten Nachmittag verlassen die Vögel ihren Schlafbaum, um gemeinsam auf Nahrungssuche zu fliegen. Sie suchen am Boden halbreife Samen von Gräsern.

9

Auf diesem Baum hat die Vogelschar einen sicheren Übernachtungsplatz gefunden.

In Trockenzeiten ernähren sie sich von getrockneten Samen, die nur noch wenig Flüssigkeit enthalten, weshalb die Vögel regelmäßig trinken müssen. Außer den Samen nehmen Wellensittiche auch Erd- und Sandpartikel auf, um sich mit Mineralstoffen zu versorgen, und kleine Insekten, durch die sie Eiweiß erhalten. Während der Nahrungssuche erklettern die Vögel Grashalme und kleine Zweige. Am frühen Morgen befeuchten sie dabei ihr Gefieder am Tau.

Bei großer Hitze fliegt die Schar etwa alle drei Stunden zur Wasserstelle, um zu trinken und auch zu baden, wobei im flachen Wasser die Vögel oft bis zum Bauch im Wasser stehen.

Die perfekte Gleichzeitigkeit, in der eine Schar von Wellensittichen lebt, ist erstaunlich. Fliegt beispielsweise ein Vogel ab, um zu trinken, folgt ihm alsbald die gesamte Schar zur Wasserstelle.

Auf Zusammenhalt legen alle Scharmitglieder großen Wert. Will ein Wellensittich z. B. seine Mahlzeit beenden und zum Wohnbereich zurückfliegen, während andere noch eifrig nach Samen suchen, fliegen einige Vögel kurz mit dem Davonstrebenden auf, um sich jedoch gleich wieder niederzulassen. Das zwingt den Voreiligen, bei der Schar zu verweilen, bis alle Vögel zum Abflug bereit sind. Dieses durch Stimmungsübertragung aneinander Gebundensein ist eine Schutzmaßnahme gegenüber Feinden.

Achtung, Feinde in Sicht

Feinde sind Greifvögel, vor allem eine Falkenart.

Die Brut ist zuweilen durch Schlangen gefährdet, und die lautstark bettelnden Nestlinge verraten sich dem Fleischervogel. Im Kampf um eine Nisthöhle unterliegen Wellensittiche häufig der Rauchschwalbe und dem Höhlenschwarm, einem eulenähnlichen Vogel.

Den besten Schutz vor Feinden bietet das Leben in der Schar und die grüne Tarnfarbe der Wellensittiche. Im Laub der Bäume fällt der grüne Wellensittich kaum auf, seine gelbe Gefiederzeichnung wirkt wie Reflexe der Sonnenstrahlen.

Außerdem bevorzugen Wellensittiche für die Ruhezeiten stets hohe Warten, von denen aus sie eine weite Sicht haben. Erscheint ein feindlicher Vo-

Vogelhochzeit. Damit ist ein Bund geschlossen, der lebenslang dauert.

gel am Himmel, ertönt sofort der schrille Warnruf, der die Schar zum hastigen Abflug veranlaßt.

Wellensittiche verfügen noch über weitere stimmliche Ausdrucksmöglichkeiten.

Während der Nahrungssuche ertönt immer wieder der Kontaktruf. Durch ihn weiß jeder Vogel, wo sich die anderen Mitglieder der Schar aufhalten, auch wenn er sie nicht sehen kann. Geht die Aktivität in Ruhephasen über, vor allem während der Dämmerung vor dem Einschlafen, lassen die Wellensittiche ein leises Gezwitscher hören, das völlige Entspannung ausdrückt. Etwas stimmhafter ist ihr »Singen«, ebenfalls ein sanftes Gezwitscher. An der Stimme erkennt ein Wellensittich außerdem seine Artgenossen persönlich. Das feine Gehör ermöglicht es ihm, jede Stimme einem Scharmitglied zuzuordnen.

TIP

Wer sich ausführlich über das Leben der Wellensittiche in freier Natur informiert, lernt seinen Wellensittich besser zu verstehen. Damit er glücklich und zufrieden ist, muß man dem Wellensittich als Heimvogel einen Artgenossen als Partner dazugesellen.

Die Stammform des Wellensittichs

Körperbau:	Zierlich im Gegensatz zu den gezüchteten Wellensittichen, die einen kräftigeren Körperbau haben und schwerer sind.
Gefieder:	Hellgrüne bis sattgrüne Farbe. Gesicht und Stirn sind leuchtend gelb: diese Partie wird auch Maske genannt, die zur Brust hin mit sechs schwarzen Kehltupfen endet. Auf den Wangen sitzen die blauvioletten Bartfederchen. Auf Hinterkopf, Rücken und Flügeldecken ergeben schwarzbraune, gelb umrandete Federn die Wellenzeichnung.
Schwanzfedern:	Die langen Schwanzfedern sind blaugrün bis nachtblau gefärbt.
Schnabel:	Beigefarben. Die Wachshaut, in der die Nasenlöcher sitzen, ist beim Männchen blau, beim Weibchen beige bis braun.
Lebensweise:	Lebt gesellig in einer Schar von bis zu 60 Artgenossen. Monogam, hält dem Partner lebenslang die Treue. Nicht standorttreu, zieht auf der Suche nach Nahrung durch weite Gebiete Australiens.

Wellensittiche sind Flugkünstler

In Notzeiten, z. B. wenn lange kein Regen fällt, werden Nahrungsangebot und Wasser im Wohngebiet einer Schar knapp. Dann überfällt die Vögel eine Unruhe.

Sie fliegen morgens und abends lange über ihrem Standort, bringen so allmählich alle Scharmitglieder in gleiche Stimmung und steigen täglich höher und höher empor. Dabei zeigen sie ihre erstaunliche Flugkunst. Mitten im reißenden Flug ändert die Schar abrupt die Richtung, wobei die Formation exakt erhalten bleibt. Durch diese Fähigkeit haben übrigens auch Feinde wenig Chancen, erfolgreich Beute zu machen.

Eines Tages verläßt die Schar ihr Wohngebiet endgültig und zieht oft Hunderte von Kilometern über das Land. Auf dem Flug zu neuen Nahrungsgründen vereint sich die Schar mit anderen. Oft bilden die Sittiche dann Schwärme bis zu 2000 Vögeln, die solange gemeinsam unterwegs sind, bis sie ein Gebiet erreichen, in dem es geregnet hat oder noch immer regnet.

Regen ist der Impuls für die Flugwanderung der Vögel. Richtung und Flugzeit sind dabei bedeutungslos.

Als »Nomaden« müssen sich Wellensittiche keine Wegstrecken anhand von Sichtmarken merken wie etwa unsere Zugvögel, denn Wellensittiche kehren fast niemals – oder nur zufällig – in ein bestimmtes Gebiet zurück.

Nachwuchs in der Vogelschar

Hat der große Schwarm ein Gebiet, in dem Regen gefallen ist, gefunden, verlassen sie in kleinen Scharen nach und nach den Schwarm und suchen eifrig nach einem geeigneten Wohn- und Brutgebiet. Die Vögel der neuen Kolonie nehmen sich kaum Zeit zur Erholung von der anstrengenden Reise. Das emsige Leben beginnt sofort, denn es gilt, das üppige Nahrungsangebot für die Fortpflanzung zu nützen. Die Männchen klettern unentwegt in den Bäumen umher und zeigen ihrem Weibchen eine mögliche Bruthöhle.

Nimmt das Weibchen das Angebot an, beginnt es sofort damit, die Bruthöhle gemäß ihren Ansprüchen auszustatten. Meist müssen Einschlupfloch erweitert, Bodenmulde vertieft oder Innenwände geglättet werden. In enger Nachbarschaft mit anderen Pärchen herrscht Regsamkeit, die jene Vögel animiert, die noch nicht in Brutstimmung sind.

Die Balz findet während des geschäftigen Treibens statt. Wieder und wieder schnäbelt das Pärchen eifrig.

Das Männchen füttert sein Weibchen, krault

Der Salat verführt nicht nur zum Naschen. In den feuchten Blättern kann man auch baden.

Lernt jeder Wellensittich sprechen?

Leider nicht. Manche Wellensittiche ahmen dafür Geräusche nach wie zum Beispiel das Klingeln an der Tür, oder sie pfeifen kleine Melodien, die sie schon einmal gehört haben. Es gibt aber auch viele Wellensittiche, die überhaupt nichts nachahmen. Sie beherrschen einzig und allein die Wellensittich-Sprache. Wenn du solch einen Wellensittich hast, darfst du nicht enttäuscht sein. Vielleicht hat dein Vogel dafür andere Fähigkeiten wie etwa meine Mini. Mini ist ein hübsches kleines Wellensittich-Weibchen mit hellblauem Gefieder. Sprechen hat sie nie gelernt. Dafür kann sie aber Klavier spielen. Auf ihrem kleinen Spielzeugklavier hüpft Mini begeistert über die Tasten. Wenn dann die Töne erklingen, gerät sie fast aus dem Häuschen vor lauter Freude und zwitschert aufgeregt.

sein Hals- und Kopfgefieder, stupst ihm mit dem Schnabel gegen den Flügelbug, trippelt unruhig, eifrig mit dem Kopf nickend, auf dem Ast hin und her, bis das Weibchen seine Bereitschaft zur Paarung zu erkennen gibt: es reckt das Köpfchen und den Schwanz in einer reizenden Geste nach oben und fordert so seinen Partner zur Hochzeit auf.

Das Männchen steigt dem Weibchen dann auf den Rükken, hält sich mit dem Schnabel am Kopfgefieder fest, legt einen oder beide Flügel um es und preßt seine Kloake im schwierigen Balanceakt auf die des Weibchens, wobei die männlichen Samen in den Eileiter gelangen.

Das erste Ei liegt bald in der Bruthöhle und jeweils nach zwei Tagen ein weiteres, bis das Gelege mit vier bis sechs Eiern vollständig ist. Doch schon vom ersten Ei an brütet das Weibchen. Es verläßt seine Höhle währenddessen nur, um in einiger Entfernung vom Nistbaum Kot abzusetzen.

Während der Brut und der Nestlingszeit wird das Weibchen vom Männchen im Einschlupfloch gefüttert. Das Männchen darf aber erst in die Bruthöhle, wenn die Jungen voll befiedert sind. Dann beteiligt sich das Männchen auch in der Höhle an deren Ernährung.

Die Zeit drängt, denn bereits 18 Tage nach dem ersten Regen beginnen die Gräser, halbreife Samen zu entwickeln. Und diese sind die ideale Nahrung für die Küken. Solange das Nahrungsangebot anhält, soll der ersten Brut die zweite und möglichst noch eine dritte folgen.

Jedes Ei wird etwa 18 Tage lang bebrütet. Das Weibchen sitzt fast ständig auf ihrem Gelege. Dabei wechselt es regelmäßig die Plätze der Eier.

In der Reihenfolge der Eiablage schlüpft nach 18 Tagen das erste Küken und an jedem zweiten Tag strampelt sich ein weiteres aus seiner Eischale (→ Fotos, Seite 84/85).

Die Entwicklung der Jungvögel

Vier bis fünf Tage lang füttert die Vogelmutter die jüngsten Küken während des Tages und der Nacht mit einem nährstoffreichen Sekret aus dem Vormagen (→ Fotos, Seite 84/85).

Da jeden zweiten Tag ein weiteres Küken schlüpft, sind Junge in recht unterschiedlichen Entwicklungsstadien im Nest. Immer liegt das Kleinste unter seinen Geschwistern, die es wie ein Knäuel umgeben.

Ist das jüngste Küken etwa 16 Tage alt, verläßt die Mutter die Bruthöhle für längere Zeit, um mit dem Vater auf Nahrungssuche zu fliegen. Bald schon klettern die stärksten Nestlinge zum Einschlupfloch

und erwarten die Rückkehr der Eltern und das Futter.

Etwa vier Wochen nach dem Schlüpfen drängt das Küken aus der Bruthöhle. Immer länger bleibt es am Aussichtsloch, bis es den Abflug wagt und im Gezweig des Nistbaumes landet. Von nun an haben die Vogeleltern mehr als zuvor zu tun. Jetzt müssen sie sich um die Kleinen im Nest kümmern und um die bereits ausgeflogenen Jungen. Die »Ältesten« werden meist noch so lange vom Vater gefüttert, bis sie selbständig sind. Sie fliegen mit dem Vater und lernen durch Nachahmen, wie man an Nahrung kommt. Sind alle Küken ausgeflogen, kümmert sich nur noch der Vater um seinen Nachwuchs, während die Mutter bereits mit der nächsten Brut beginnt.

Die ausgeflogenen Jungvögel der Kolonie bilden nach und nach einen Trupp, der gemeinsam lebt wie ihre Eltern vor Brutbeginn.

Im Umgang mit ihren Artgenossen erproben sie das angeborene soziale Verhalten, tragen scheinbare Rivalenkämpfe aus, erproben die Annäherung an einen Vogel des anderen

Federn, die ausgefallen sind, wachsen wieder nach.

Selbst bei schwierigen Lande-
manövern wirkt die Flughaltung
eines Wellensittichs elegant.

Geschlechts und erfahren möglicherweise dabei auch dessen Ablehnung, indem sie weggehackt werden. Wird eine solche Annäherung jedoch positiv aufgenommen, kann es bereits zur Verlobung kommen. Die Hochzeit wird allerdings bis zur Geschlechtsreife mit etwa 3 bis 6 Monaten aufgeschoben. Findet ein Vogel in seiner Geburts-Kolonie keinen Partner, ergibt sich vielleicht beim nächsten Wanderflug im Schwarm eine Hochzeit.

So kam der Wellensittich nach Europa

Der englische Naturforscher John Gould brachte um 1840 die ersten Wellensittiche nach England. Schon bald wurden die kleinen Papageien zur Attraktion der »feinen« englischen Gesellschaft. Die Menschen waren bereit, hohe Preise für diese seltenen Vögel zu zahlen. Gute Geschäfte witternd, begannen Seeleute, Wellensittiche zu Tausenden zu fangen und nach Europa zu verschiffen. Die wenigen Vögel, die diese qualvolle Reise überlebten, blieben jedoch auch in der Obhut der Menschen nicht lange am Leben. Niemand wußte, wie man

Wellensittiche ernähren und halten mußte.

Schon bald erließ die australische Regierung ein striktes Verbot für weitere Ausfuhren von Wellensittichen. Als Folge davon betreute man die in Europa lebenden Vögel besser.

Der erste Bruterfolg ist dem Zufall zu verdanken. Ein Wellensittich-Weibchen zwängte sich in einer Voliere durch das Loch einer ausgehöhlten Kokosnuß – sie war für Zebrafinken bestimmt – und nützte diese zur Brut und Aufzucht ihrer Küken.

Wellensittich-Steckbrief

Heimat:	Zentralaustralien.
Lebensraum:	Halbwüsten, Gras- und Trockensteppen mit Wasserstellen.
Aussehen:	Stammform (→ Seite 13), inzwischen viele Zuchtformen mit unterschiedlichen Gefiederfarben und Zeichnungen (→ Seite 36).
Größe:	18 bis 24 cm von Schnabelspitze über den Kopf bis zur Schwanzspitze.
Schwanz:	8 bis 12 cm.
Gewicht:	30 bis 40 Gramm.
Lebenserwartung:	12 bis 14 Jahre.
Geschlechtsreife:	Im Alter von drei bis sechs Monaten.
Brut:	In der Natur nach ergiebigen Regenfällen zwei bis drei Bruten.
Mauser:	Gegen Ende der Brutperiode.
Eier pro Gelege:	4 bis 6 (manchmal bis zu 9).
Eiablage:	Im Abstand von zwei Tagen.
Brutbeginn:	Nach dem ersten Ei, manchmal auch erst nach dem zweiten.
Brutdauer:	18 Tage.
Nestlingszeit:	28 bis 32 Tage.

Wenn der Platz so knapp ist, wird die Landung zur Millimeterarbeit.

Der lateinische Name

Jedes Lebewesen unserer Erde wurde von Wissenschaftlern einer Klasse, Ordnung, Familie zugeordnet und hat auch einen wissenschaftlichen Namen.

So heißt der Wellensittich für Wissenschaftler *Melopsittacus undulatus undulatus* Shaw. *Melos* heißt auf Griechisch Gesang und *Psittacus* Papagei. *Undulatus* ist das lateinische Wort für Wellenlinie. Shaw wird hinzugefügt, weil der gleichnamige englische Naturforscher den Wellensittich als erster beschrieben und benannt hat.

Melopsittacus undulatus heißt also wörtlich übersetzt: Gewellter Singpapagei.

19

Überlegungen vor der Anschaffung

Wer sich Wellensittiche als Heimtiere wünscht, sollte gründlich darüber nachdenken, ob diese kleinen, meist quicklebendigen Papageien das Richtige für ihn sind. Ein Wellensittich leidet unter Alleinsein. Er ist intelligent und braucht daher viel Beschäftigung und Kontakt zu »seinem« Menschen. Ein Wellensittich kann etwa 12 Jahre alt werden. So lange muß der Vogelhalter die Verantwortung für ihn übernehmen und manchmal eigene Wünsche zurückstellen.

Entscheidungshilfen

1 Wer berufstätig und ledig ist, das Wochenende am liebsten im Freien, fern von zu Zuhause verbringt, sollte nur dann einen Wellensittich halten, wenn sichergestellt ist, daß sich jemand mehrere Stunden am Tag um den Vogel kümmert.

2 Wer seinem Kind einen Wellensittich schenken will, sollte wissen, daß Kinder zwar gute Vogelpfleger sein

Unbeabsichtigtes Streifen des Artgenossen beim Anflug. Der »Angeschlagene« scheint etwas verdutzt zu sein.

TIP

Häufig hört man, daß Wellensittich-Weibchen nicht zahm würden und auch nicht sprechen könnten. Lassen Sie sich von diesem Vorurteil auf keinen Fall beeinflussen. Freunden von mir ist ein Weibchen zugeflogen, das sich gleich vorstellte, indem es sagte: »Ich heiße Kuckie«, und das war nur ein kleiner Ausschnitt aus seinem Sprachrepertoire.

können, deren Interesse am Vogel aber oft schnell erlahmt. Ein Wellensittich, der Kindern gehört, braucht unbedingt auch die Zuwendung der Eltern und vor allem deren Kontrolle bei der Pflege.

3 Ein Wellensittich ist seinem Menschen besonders zugetan und würde trauern, müßte er von diesem für immer getrennt werden.

4 Nur bei sorgsamer Pflege und vielseitiger Ernährung kann ein Wellensittich gesund bleiben; beides erfordert vom Halter Zeit und Geduld.

5 Wellensittiche brauchen ausreichend Beschäftigungsmöglichkeiten und viel Freiflug. Das bedeutet, daß der Halter in dem Zimmer, in dem der Vogel lebt, einige Vorkehrungen treffen muß, die das Tier vor Schaden schützen (→ Seite 50).

6 Wer sich einen Wellensittich anschafft, wünscht sich meist, daß der Vogel einige Wörter nachspricht. Doch nicht alle Wellensittiche lernen sprechen. Überlegen Sie, ob Ihr Interesse am Vogel dann nicht erlischt.

7 Bedenken Sie, daß Sie oder ein Familienmitglied allergisch gegen Gefiederstaub

sein könnten. Zur Sicherheit sollte zuvor ein Arzt konsultiert werden (→ Wichtige Hinweise, Seite 127).

8 Es kann passieren, daß der Vogel erkrankt oder sich verletzt und zum Tierarzt gebracht werden muß. Das bedeutet Zeitaufwand und kostet Geld.

Männchen oder Weibchen?

Männchen wie Weibchen haben dieselben Bedürfnisse und unterscheiden sich auch im Wesen kaum voneinander. Beide schließen sich meist ihrem Halter eng an, wollen Kontakt und Anregung und trauern,

Der Fuß wird stets unter dem Flügel hindurch zum Kopf geführt.

21

wenn sie zu viel und zu lange alleingelassen werden.

Weibchen haben allerdings viel mehr Ausdauer, sich allein zu beschäftigen. Sie können stundenlang an einem Ast aus weichem Holz nagen und sind dabei zufrieden. Zurückzuführen ist dies sicher auf ihre Verhaltensweise im Freileben, denn es sind die Weibchen, die in ausdauernder Schnabelarbeit die Nisthöhle bearbeiten (→ Seite 14).

Einzelvogel oder Paar?

Ein Pärchen ist in jedem Fall einem Einzelvogel vorzuziehen. Dafür gibt es zwei Gründe:

■ Nur zwei Wellensittiche haben Gelegenheit, ihr angeborenes, soziales Verhalten zu entfalten. Das Beobachten eines Pärchens hilft dem Vogelhalter, seine Vögel zu verstehen und die Geheimnisse der gegenseitigen Beziehungen zu lüften.

■ Es läßt sich beim besten Willen nicht immer vermeiden, daß der Vogelhalter für längere Zeit das Haus verlassen muß. Ein Vogel bleibt frustriert zurück, zwei Vögel fühlen sich dagegen nicht einsam, obgleich sie sich freuen,

Kind und Wellensittich werden gute Freunde. Das gemeinsame Spiel macht beiden Spaß.

Wer spiegelt sich denn in der Suppenkelle?

Sind Wellensittiche »Schmusetiere«?

Einen Vogel kann man nicht so ohne weiteres in die Hände nehmen und »knuddeln« wie ein Meerschweinchen oder ein Zwergkaninchen. Würdest du das bei deinem Wellensittich tun, bekäme er in deiner Hand panische Angst und hätte von da ab kein Vertrauen mehr zu Dir. Diese Angst des Wellensittichs läßt sich einfach erklären. In der Natur werden kleine Vögel oft von größeren gejagt und erbeutet. Wenn der Wellensittich also plötzlich von deiner Hand gegriffen wird, hat er dasselbe Gefühl, als habe ihn ein großer Vogel erwischt. Dein Wellensittich bekommt Todesangst.

Wenn du dir einen Wellensittich als Heimtier wünschst, mußt du dir darüber klar sein, daß du kein Schmusetier bekommst. Einen Vogel kannst du aber sehr gut beobachten. Schau zu, wie gründlich er sein Gefieder putzt und dabei jede einzelne Feder durch seinen Schnabel zieht oder mit welcher Hingabe er an frischen Zweigen knabbert. Bei einem Vogelpärchen siehst du, wie sie sich gegenseitig füttern, miteinander spielen und der eine den anderen mit dem Schnabel krault.

Übrigens, wenn du dich oft mit deinem Vogel beschäftigst und Geduld aufbringst, wird dein Wellensittich so zahm, daß er freiwillig auf deine Hand hüpft und vielleicht sogar sprechen lernt. Dann hat er großes Vertrauen zu dir.

wenn die Schar wieder vollzählig ist bei der Rückkehr des vertrauten Menschen.

Der oft vorgebrachte Einwand, ein Pärchen genüge sich selbst und würde sich nicht dem Menschen anschließen, kann zutreffen, wenn das Pärchen von Anfang an sich selbst überlassen, im Käfig eingesperrt bleibt. Beschäftigt man sich jedoch von Anfang an ausgiebig mit den Vögeln, kann man auch ein Pärchen zu Freunden gewinnen und sich zudem am kapriziösen Miteinander der beiden erfreuen (→ Spiel und Spaß, Seite 106).

Das Geschlecht eines Pärchens ist wiederum gleichgültig. Besteht das Paar aus zwei Männchen oder zwei Weibchen, so schlüpft mit der Zeit einer der beiden Vögel in die Rolle des fehlenden Geschlechts. Das gelingt Wellensittichen so gut, daß die »Schein«-Ehe nur dann zu Schaden kommt, wenn sich aus irgendeinem Grund ein andersgeschlechtlicher Wellensittich dazugesellt. In diesem Fall kann aggressive Rivalität aufkommen, vor allem, wenn ein Männchen von zwei Weibchen umworben wird. Das erfolgreiche Weibchen fühlt sich dann dem anderen so überlegen, daß es dieses erbarmungslos verfolgt und durch Schnabelhiebe empfindlich verletzt. Eingesperrt in einem Käfig, könnte diese Situation zum Tod des schwächeren Weibchens führen. Sind die Vögel dagegen frei und können einander ausweichen, verläuft die Rivalität weniger dramatisch, doch unangenehm für alle Beteiligten. Wer eine kleine Vogelschar halten möchte, sollte gleich viele Männchen und Weibchen vergesellschaften. In einer ausreichend großen Voliere oder in einem regelrechten Vogelzimmer kann eine kleine Schar friedlich in Eintracht leben. Das Vogelzimmer ist Ersatz für eine kostspielige Freivoliere. Doch in einem Vogelzimmer oder in einer Voliere werden die Vögel kaum zahm. Sie gewöhnen sich nur daran, daß der Pfleger regelmäßig erscheint und Nahrung bringt.

Wellensittich und andere Heimtiere

Einem Hund kann man klar machen, daß der Wellensittich zum »Rudel« gehört und absolut tabu ist wie alle anderen Familienmitglieder auch.

Dennoch sollte man die Tiere in der ersten Zeit nicht ohne Aufsicht allein lassen. Der Hund kann neugierig sein, sich dem Käfig ungestüm nähern und den Vogel sehr erschrecken, was für sein Eingewöhnen schädlich wäre. Außerdem muß sich der Vogel allmählich an die Anwesenheit des Hundes und an das Bellen gewöhnen.

Nager wie Kaninchen, Meerschweinchen oder Hamster leben meist problemlos mit Wellensittichen. Kommt es zu näherem Kontakt zwischen den Tieren, merkt der Vogel schnell, daß ihm keine Gefahr droht. Möglicherweise nähert er sich dem Pelztier sogar vorsichtig und beginnt ihm das Fell zu pflegen.

Eine Katze dagegen ist für den Vogel eine Gefahr. Ihr Jagdtrieb erlischt nie. Alles, was sich bewegt, ist für Katzen von großem Interesse und sie müssen danach haschen. Auch wenn Ihre Katze einen gutmütigen Charakter hat, in unbewachten Augenblicken kann sie den Vogel töten.

Affen oder Reptilien zusammen mit einem Wellensittichen zu halten, ist undenkbar. Affen fangen im Freileben kleine Vögel und Säugetiere

Wellensittiche haben ein friedliches Wesen. Sie lassen sich auch mit anderen Vogelarten vergesellschaften.

Fast hätte sich das Kätzchen beim Sprung vom Vogelkäfig überschlagen. Katze und Wellensittich passen nicht zueinander. Die Katze macht Jagd auf den Vogel, sobald sie Gelegenheit dazu hat.

und fressen sie. Für dieses gewandte Kletter-und Springtier wäre es leicht, einen Vogel zu fangen. Bei Reptilien kommt es auf deren Größe an. Eine kleine Eidechse ist harmlos, aber Schlangen oder gar ein Krokodil wären der sichere Tod des Vogels.

Ein Aquarium mit Fischen ist dagegen ungefährlich für den Wellensittich. Er könnte jedoch beim Betrachten der Fische abrutschen und ins Wasser fallen. In einem kleinen Becken hat er nicht Platz

genug, um sich durch Flügelschläge an der Oberfläche zu halten oder abzufliegen. Er würde ertrinken. Deshalb muß ein Aquarium immer abgedeckt sein, und zwar so, daß die Abdeckung nicht verrutschen kann, wenn der Vogel darauf landet oder darauf umhertrippelt.

Wellensittiche und Kinder

Viele Eltern machen ihren Kindern die Freude und kaufen ihnen einen Wellensittich. Das Leben der meisten

25

dieser Vögel ist recht trostlos, denn das Interesse des Kindes erlischt häufig schnell, und auch die Eltern zeigen manchmal kein Interesse am Wohlergehen des Vogels.

Die beste Vorbereitung auf das Leben mit einem Vogel ist für Ihr Kind, ihm viel über freilebende Wellensittiche zu erzählen: wie sie in der Schar leben, wie sie ihre Jungen großziehen, daß sie eine lebenslange Ehe eingehen, und daß nun bald das Kind der Partner für den Wellensittich sein wird als Ersatz für den fehlenden Vogelpartner.

Sie sollten auch die nötigen Vorbereitungen gemeinsam mit dem Kind tätigen und ihm dabei erklären, was für den Vogel gut und schlecht ist, was er mag und wovor er sich fürchtet. Natürlich darf das Kind sich auch seinen Vogel selbst aussuchen.

Danach muß besprochen werden, wofür das Kind bei der Vogelpflege zuständig ist. Die Aufgaben des Kindes hängen von seinem Alter ab.

■ Kinder bis zu sieben Jahren dürfen dem Vogel täglich zur gleichen Zeit einen Leckerbissen geben, sobald man

Kolbenhirse ist für Kaninchen und Wellensittiche ein Leckerbissen. In trautem Beisammensein wird gemeinsam am Kolben geknabbert.

Urlaubs-Checkliste

In seiner gewohnten Umgbung fühlt sich ein Wellensittich am wohlsten. Sorgen Sie deshalb rechtzeitig für einen zuverlässigen Pfleger, wenn Sie verreisen oder aus anderweitigen Gründen nicht zu Hause sein können.

WAS DER VOGELPFLEGER WISSEN MUSS

1. Futter: Welches Futter der Vogel gewöhnt ist. Wie häufig er pro Tag gefüttert werden muß. Die richtige Futtermenge.

2. Pflege: Welche Fütterungszeiten eingehalten werden sollten. Welche Pflegearbeiten im Käfig notwendig sind. WelchePflegemöglichkeiten der Vogel braucht (z. B. ein Badehäuschen).

3. Umgang: Wie für ausreichende Beschäftigung des Vogels gesorgt wird. Welche Verhaltensregeln im Umgang mit dem Vogel wichtig sind.

4. Adressen: Anschrift und Telefonnummer des Tierarztes. Ihre Urlaubsadresse.

Wer keinen zuverlässigen Pfleger findet, sollte in Zoofachgeschäften nachfragen, ob dort Vögel in Pflege genommen werden. Tierheime vermitteln manchmal Adressen von Urlaubsbetreuern für Heimtiere. Wegen der strengen Einfuhrbestimmungen kann man Wellensittiche nicht ohne weiteres z. B. in ein Ferienhaus ins Ausland mitnehmen (Auskünfte über Einfuhrbestimmungen erteilt der Tierarzt oder das jeweilige Länderkonsulat).

weiß, was er besonders gern ißt. Und sie dürfen beim täglich Versorgen dabeisein und helfen.

■ Kinder bis zu zehn Jahren können für den Wellensittich das Futter kaufen und ihm manchmal von ihrem Taschengeld ein kleines Spielzeug mitbringen. Sie sollten die tägliche Pflege und das Versorgen mit Nahrung und Wasser übernehmen und bei der wöchentlichen Reinigung helfen (→ Seite 70). In jedem Fall muß jedoch ein Erwachsener überprüfen, ob der Vogel tatsächlich stets ausreichend Futter und Wasser zur Verfügung hat.

■ Kinder über zehn Jahre können in den meisten Fällen den Vogel selbständig versorgen. Doch Ihre Kontrolle bleibt unerläßlich. Vor allem sollten die Eltern sich täglich vergewissern, ob der Wellensittich munter ist.
Bleiben Sie immer mit Ihrem Kind im Gespräch über das Tier. Lassen Sie sich genau berichten, was es an seinem Vogel beobachtet hat, fragen Sie z. B. nach den Gewohnheiten des Tieres, nach seinen Lieblingsfrüchten oder seinem bevorzugten Spielzeug.

Rechtsfragen zur Tierhaltung

In Zusammenhang mit der Haltung von Wellensittichen gibt es gesetzliche Regelungen, die der Halter einhalten muß. Die wichtigsten sind in folgendem Text zusammengefaßt.

Mietrecht

Sind im Mietvertrag keine Bestimmungen über die Tierhaltung enthalten, so ist grundsätzlich davon auszugehen, daß die üblichen Heimtiere in der Mietwohnung gehalten werden dürfen. Denn die Heimtierhaltung gehört heute zur allgemeinen Lebensführung und zum vertragsgemäßen Gebrauch der Mietwohnung, solange durch die Tierhaltung keine Belästigungen eintreten (AG Offenbach, Az.: 34 C 705/85; AG Schöneberg, Az.: 8 C 11/91; AG Friedberg, Az.: C 66/93; AG Heidelberg, Az.: 20 C 72/92). Dies gilt grundsätzlich und erst recht auch für die Haltung von Wellensittichen (OLG Frankfurt, Az.: 6 U 108/90). Denn diese Tiere sind ihrer Art und Natur nach nicht geeignet, eine Störung des Hausfriedens hervorzurufen (BGH, Az.: VIII ZR 10/92). Weder geht von ihnen eine übermäßige Geruchsbelästigung aus, noch geben sie Geräusche von sich, die zu einer Lärmbelästigung anderer Mitmieter führen könnte. Ferner sind diese Tiere nicht imstande, größere Beschädigungen an der Wohnung zu verursachen. Der Mieter braucht daher zur Haltung von Wellensittichen keine ausdrückliche Genehmigung. Problematisch wird es erst dann, wenn aus ein oder zwei Wellensittichen eine ganze Zuchtgruppe mit sehr vielen Tieren wird. Hier wird man im Einzelfall prüfen müssen, inwieweit der Hausfrieden gestört sein könnte oder nicht. Gestört ist nach der Rechtsprechung der Hausfrieden bereits dann, wenn übermäßig viele Heimtiere gehalten werden (OLG München, Az.: 5 U 7178/89), oder wenn Einstreumaterial (Vogelsand) mit der Folge einer Rohrverstopfung in die Toilette eingeleitet wird (LG Berlin, Az.: 64 S 17/93).

Eigentumswohnung

Ein generelles Verbot der Haltung von Wellensittichen in der Eigentumswohnung kann wirksam nur vertraglich durch einen einstimmigen Beschluß der Wohnungseigentümergemeinschaft beschlossen werden. Stimmenmehrheit reicht für ein Tierhaltungsverbot nicht aus (OLG Stuttgart, Az.: 8 W 8/82). Zulässig ist jedoch ein Beschluß der Wohnungseigentümer, der die Tierhaltung in der Eigentumswohnung auf eine vertretbare Zahl begrenzt (OLG Frankfurt, Az.: 11 W 142/87).

Zucht

Wer Wellensittiche züchten oder gar gewerbmäßig handeln will, bedarf der behördlichen Erlaubnis nach dem Tierseuchengesetz und der Psittakoseverordnung. Zwar stellt die Papageienkrankheit heute keine nennenswerte Gefahr mehr dar, doch gleichwohl will der Gesetzgeber sichergestellt wissen, daß die Zucht in einem gesunden Tierbestand erfolgt. Deshalb um gegebenenfalls kranke Tiere zurückverfolgen zu können, sind alle Papageien und Sittiche mit einem amtlichen Fußring zu kennzeichnen, der nicht abgenommen werden darf, wenn nicht dem Tier eine Verletzung droht.

Den Fußring sollte das Tier grundsätzlich tragen, da im Fall des Entfliegens anhand der Ringnummer der Eigentümer über die Wirtschaftsgemeinschaft Zoologischer Fachbetriebe Deutschlands, Rheinstraße 35, 63204 Langen, Tel.-Nr. 06103/ 91070, wieder ausfindig gemacht werden kann. Bei der Wirtschaftsgemeinschaft können im übrigen auch die amtlichen Fußringe gegen Vorlage der Zucht- und Handelsgenehmigung bestellt und angefordert werden. Um eine Papageienkrankheit zu verhindern, bedarf derjenige, der Wellen-

sittiche halten will, um von dessen Tieren Nachkommen aufzuziehen oder aber mit diesen Tieren handeln will, der Erlaubnis der zuständigen Behörde (§ 17 g Tierseuchengesetz).

Stellt sich unerwartet Nachwuchs bei den eigenen Wellensittichen ein, ohne daß dieser geplant ist und ohne daß eine solche gesetzliche Erlaubnis hierzu für den Züchter vorliegt, so sind die Jungtiere zunächst einmal »illegal«. Gleichwohl droht dem Züchter hier kein Bußgeld, da die Psittakose-Verordnung einen solchen Tatbestand nicht unter Strafe

Der Fußring darf nur im Krankheitsfall abgenommen werden.

stellt. In einem solchen Fall sollte man den zuständigen Amtstierarzt von seinem Züchterglück oder »Mißgeschick« verständigen. Liegt kein Verdacht auf Psittakose (Papageienkrankheit) vor, so wird dieser sicherlich ein »Auge zudrücken« und eine Ausnahmegenehmigung für den Erwerb von amtlichen Fußringen erteilen.

Keinesfalls darf man sich aber die erforderlichen Fußringe bei Züchtern oder Händlern kaufen; dies würde mit Sicherheit zu einem Bußgeld für alle Beteiligten führen. Hat der Amtstierarzt eine solche Ausnahmegenehmigung erteilt, können sodann die Fußringe bei der Wirtschaftsgemeinschaft Zoologischer Fachbetriebe, Ringstelle, Rheinstraße 35, 63204 Langen, bezogen werden.

Da nur beringte Wellensittiche verkauft werden dürfen (AG Pforzheim, Az.: 6 0Wi 5/90), ist in jedem Fall davon abzuraten, die Nachzuchten ohne diese Kennzeichen abzugeben. Denn nur mit dieser amtlichen Kennzeichnung ließe sich im Falle der Psittakose der Züchter zurückermitteln, um sodann eine gezielte Psittakosebekämpfung einzuleiten. Auch wenn die Papageienkrankheit heute an Schrekken verloren hat, sollte man nicht leichtsinnig handeln.

Artenschutz

Im Gegensatz zu den meisten Papageien und Sittichen unterliegt der Wellensittich keinen Artenschutzbestimmungen. Artenschutzrechtliche Auflagen müssen daher nicht beachtet werden.

Kaufvertragsrecht

In jedem gut geführten Zoofachgeschäft ist es heute selbstverständlich, daß dem Käufer eine detaillierte Kaufbescheinigung ausgestellt wird. Aus diesem Vertrag sollte hervorgehen: Datum des Kaufs, Fußringnummer, Kaufpreis, Anschriften des Verkäufers und Käufers. Auch das Geschlecht des Vogels sollte vermerkt sein, wenn es dem Käufer hierauf entscheidend ankommt. Jeder, der einen Wellensittich käuflich erwirbt, schließt mit dem Verkäufer immer einen Kauf vertrag ab. Dieser Vertrag muß

nicht schriftlich abgefaßt werden, denn auch ein mündlicher Kaufvertrag ist rechtsgültig. Stellt sich nach Übergabe des Wellensittichs an den Käufer heraus, daß das Tier mit einem Fehler (also einer Krankheit) behaftet war, kann der Käufer seine gesetzlichen Gewährleistungsrechte geltend machen und beispielsweise vom Kaufvertrag zurücktreten oder aber den Kaufpreis mindern. Voraussetzung hierfür ist aber immer, daß das Tier bereits bei Übergabe (und nur dann) krank war.

Gerade bei Infektionskrankheiten läßt sich der Krankheitsbeginn nur schwer feststellen, so daß meistens nur sachverständige Tierärzte diese Frage klären können.

Macht der Käufer mit Recht solche Gewährleistungsrechte geltend, so muß er dies innerhalb von sechs Monaten von

der Übergabe an gerechne tun, da seine Gewährleistungs rechte sonst verjähren.

Kinder oder Jugendliche (bi zum vollendeten 16. Lebens jahr) sollten sich den Kau eines Wellensittichs besonder gut überlegen. Denn ohne Einwilligung ihrer Erzie hungsberechtigten, dies sin meistens die Eltern, dürfe Kinder noch keinen Wellen sittich kaufen. Genehmige die Eltern den Kauf eine Wellensittichs nicht, muß de Verkäufer das Tier wieder zu rücknehmen und den Kauf preis zurückerstatten.

Ein zugeflogener Wellensittich darf nicht einfach behalten werden (→ Fundtier, Seite 31).

Wer ein Vogelpaar besitzt, muß damit rechnen, daß die beiden Nachwuchs bekommen.

Sittichlärm

Was des einen Freud ist, ist des anderen Leid. Während das Pfeifen eines Graupapageies bereits als nachbarstörender Lärm eingestuft wurde (OLG Düsseldorf, Az.: 5 Ss 476/89-OWi 198/ 89 I), wird man das vom »Gezwitscher« der Wellensittiche noch nicht behaupten können. Anders wird die Rechtslage aber dann zu beurteilen sein, wenn eine große Zuchtgruppe von Wellensittichen in der Wohnung oder in einer Gartenvoliere gehalten wird.

Fundtier

Zugeflogene Wellensittiche sind als »Fundsache« zu behandeln, das heißt, sie sind grundsätzlich bei der Polizei oder im städtischen Fundbüro abzuliefern. Diese vermitteln dann die Tiere in ein Tierheim. Man kann aber auch selbst den Versuch unternehmen, den Eigentümer ausfindig zu machen. Anhand der Fußringnummer läßt sich über die Wirtschaftsgemeinschaft Zoologischer Fachbetriebe, Ringstelle, Rheinstraße 35, 63204 Langen, der Züchter ermitteln, der sodann in seinem Nachweisbuch auch den Erwerber feststellen kann.

Tierkörperbeseitigung

Der Wellensittich fällt nicht unter das Tierkörperbeseitigungsgesetz, so daß ein verendeter Wellensittich im Garten begraben werden darf. Für Kleintiere gilt das Abfallbeseitungsgesetz, so daß man sie auch in die Mülltonne (!) geben dürfte. Für welchen Weg man sich schließlich entscheidet, ist Ansichtssache. Ein dem Tierschutzgedanken verpflichtendes Ethos schuldet es aber dem Partner Vogel, daß sein Leben in Würde zu Ende gehen kann.

Worauf Sie beim Kauf achten sollten

Die sorgfältige Auswahl des Wellensittichs erspart Ihnen später vielleicht Enttäuschungen. Achten Sie vor allem darauf, daß der Vogel noch jung ist, denn je jünger desto schneller gewöhnt sich ein Wellensittich in seine neuen Umgebung ein und wird zahm.

Außerdem sollte der Vogel natürlich gesund und munter sein, damit er Ihnen vom ersten Tag an ein fröhlicher Gefährte ist.

Woher Sie einen Wellensittich bekommen

Es gibt mehrere Möglichkeiten, zu einem Wellensittich zu kommen:

■ Freunde oder Bekannte haben Vogelnachwuchs und sind bereit, Ihnen einen Jungvogel zu überlassen.

Achten Sie in jedem Fall darauf, daß der Vogel den gesetzlich vorgeschriebenen Fußring trägt (→ Seite 29).

■ Sie suchen sich Ihren Wellensittich in einem gut geführten Zoofachgeschäft aus.

In den Blättern dieser mit Wasser besprühten Zimmerpflanze kann der Wellensittich sein Gefieder befeuchten.

So sieht ein junger Wellensittich aus

	Junger Wellensittich	Erwachsener Wellensittich
Augen	Er hat große, noch vollkommen schwarze »Knopf«-Augen.	Die weiße Iris um die Augen ist jetzt voll ausgebildet.
Gefieder	Die Wellenzeichnung des Gefieders reicht über das Köpfchen hinweg bis zur Wachshaut. Die Kehltupfen sind sehr klein.	Die Maske, das Gesicht von Scheitel bis Kehle, ist einfarbig ohne Wellenzeichnung.
Schnabel	Der Schnabel ist dunkler als der von erwachsenen Vögeln.	Der Schnabel ist heller als beim Jungvogel.
Wachshaut	Die Wachshaut ist hell. Bei manchen jungen Weibchen ist sie von einem zarten weißlichen Rand umgeben.	Erwachsene Männchen haben eine blaue Wachshaut. Allerdings entfällt dieses Merkmal bei vielen Farbschlägen.

■ Sie kennen einen Züchter, der Sie benachrichtigt, wenn die Nestlinge den Brutkasten verlassen haben.

Züchter-Adressen in Ihrer Nähe erfahren Sie über einen Vogelzuchtverein (→ Adressen, Seite 125). Auch auf Vogelausstellungen, dort zeigen Züchter ihre Vögel, kann man Adressen sammeln und vielleicht sogar in Erfahrung bringen, wann ein Züchter wieder mit Nachwuchs bei seinen Wellensittichen rechnet.

Treffen Sie die richtige Wahl

Noch bevor Sie sich in einen Wellensittich verlieben, prüfen Sie, ob der Käfig, in dem er mit seinen Artgenossen sitzt, sauber ist und ob die Vögel darin genügend Bewegungsfreiheit haben. Ist das nicht der Fall, suchen Sie besser eine andere »Bezugsquelle«, denn Schmutz und Enge könnten der Grund für eine im Moment noch versteckte Krankheit sein.

Bei der Wahl Ihres Wellensittichs ist es vielleicht die Gefiederfarbe oder sein munteres Spielen, das Ihnen besonders auffällt. Dann sollten Sie Ihre Entscheidung spontan treffen und den Vogel mit nach Hause nehmen.

Doch zwei Dinge sind wichtig: Ist der Vogel noch jung und ist er gesund?

Warum der Vogel jung sein sollte

Im Alter von fünf bis acht Wochen gewöhnt sich ein Wellensittich meist problemlos an eine neue Umgebung und an seinen Betreuer. Wer

33

das Glück hat, einen Vogel zu bekommen, der eben erst den Brutkasten verlassen hat, darf sicher sein, daß dieser besonders zahm und zutraulich wird. Allerdings könnte er noch zu ungeschickt sein, die Sämereien selbst zu enthülsen. Man muß ihm helfen, indem man die Samen zerquetscht auf den Boden streut und den Vogel ganz nach Art der Wellensittiche seine Nahrung am Boden suchen läßt.

Es dauert meist nur einige Tage, bis er die Samen selbst enthülsen kann.

So sieht ein gesunder Wellensittich aus

■ Das Gefieder ist glatt und glänzt matt.

■ Die Federn um die Kloake - so nennt man den After eines Vogels - sind sauber und nicht mit Kot behaftet.

Prüfen Sie auch die Haut um die Kloakenpartie.

Bitten Sie den Verkäufer, gegen die Federn um die Kloakenpartie zu blasen, solange er den Vogel noch in der Hand hält. Ist die Kloake gerötet, kann dies ein Krankheitsanzeichen sein.

■ Das Brustbein des Vogels ist nach außen gerundet und nicht eingefallen. Ein einge-

Woran erkennst du ein Wellensittich-Paar im Zoogeschäft?

Nicht jeder junge Wellensittich wird sofort verkauft. Lebt er dann längere Zeit mit anderen Wellensittichen in einem gemeinsamen Käfig, findet er dort oft einen Partner oder eine Partnerin. Ein Vogel-Pärchen erkennst du daran, daß es dicht nebeneinander auf der Sitzstange hockt. Die Wellensittiche putzen sich gegenseitg das Gefieder, schnäbeln miteinander und machen überhaupt alles gemeinsam. Solch ein Paar sollte man nicht trennen, sondern gleich beide Vögel kaufen. Sonst trauert jeder um seinen verlorenen Partner. Doch du mußt wissen, daß ein Pärchen nicht so schnell zahm wird wie ein Einzelvogel. Andererseits sind Wellensittiche zu zweit glücklicher als allein.

fallenes Brustbein deutet auf eine Krankheit hin. Prüfen Sie dies, indem Sie dem Vogel leicht mit dem Finger über die Brust streichen.

■ Augen und Nasenlöcher sondern keine Flüssigkeit ab und sind nicht verkrustet.

■ Füße und Zehen sollten gerade und sauber sein. Zwei Zehen eines Fußes zeigen nach vorn, zwei nach hinten. Die Hornschuppen an den Füßen müssen glatt anliegen.

Wellensittiche sind unglaublich beweglich, was gut bei der ausgiebigen Gefiederpflege zu beobachten ist.

Fehlt eine Zehe, so läßt das nicht auf eine Krankheit schließen; es ist nur ein Schönheitsfehler. Dieser kleine Makel kann aber der Grund für einen Preisnachlaß sein.

■ Ein gesunder Wellensittich bewegt sich lebhaft, putzt sich und hat Kontakt zu seinen Artgenossen.

So erkennt man einen kranken Wellensittich

Er sitzt teilnahmslos auf beiden Füßen abseits von seinen Artgenossen.

Der kranke Vogel hat die Augen halb geschlossen, den Schnabel im Rückengefieder vergraben, und sein Gefieder ist aufgeplustert.

Beobachten Sie aber einen solchen Vogel über längere Zeit, um zu sehen, ob er konstant apathisch bleibt.

Auch gesunde Wellensittiche schlafen manchmal in der gleichen Haltung wie für den kranken Vogel beschrieben. Allerdings ruhen die meisten gesunden Wellensittiche während des Schlafens nur auf einem Fuß, der andere wird ins Bauchgefieder eingezogen.

Die beliebtesten Farbschläge

Bereits gegen Ende des 18. Jahrhunderts gab es die ersten Wellensittiche mit gelbem Federkleid, und 1910 wurden in England die ersten mit blauem Gefieder ausgestellt.

Inzwischen findet man unter den gezüchteten Wellensittichen kaum noch einen wildfarbenen Vogel (→ Seite 13). Die meisten Heimvögel haben folgende Farbschläge: Hellgrün, Hellblau, Graugrün, Dunkelgrün, Dunkelblau, Grau, Violett und Olivgrün. Seltener gibt es gelb, weiß und zimtfarben gezeichnete Wellensittiche in den verschiedenen Farben

Zuchtvarianten

Bei der ernsthaften Zucht von Wellensittichen geht es dem Züchter vor allem darum, einen Vogel zu erhalten, der hinsichtlich Gestalt, Zeichnung und Farbe dem Idealbild des sogenannten Schau-Wellensittichs nahekommt. Positiv bewertet werden nach den Standardvorschriften: ein großer, breiter, runder Kopf, eine tiefe Maske mit sechs großen Kehlflecken, ein kräftiger, kurzer, ins Gesicht eingezogener Schnabel, eine aufrechte Haltung sowie die Flügel, die sich

nicht überkreuzen dürfen, und kräftige Füße. Bestimmte Merkmale der Gefiederzeichnung hat man mit besonderen Namen belegt.

Opaline nennt man Wellensittiche, deren Wellenzeichnung am Rücken V-förmig ausgespart ist.

Standards sind Züchtungen, deren Farbe, Gefiederzeichnung, Körperform und Haltung festgelegten Vorstellungen entsprechen.

Lutinos sind gelb mit roten oder schwarzen Augen und ohne Gefiederzeichnung.

Albinos haben die gleichen Merkmale wie Lutinos, sind aber weiß. Lutinos und Albinos werden auch kurz »Inos« genannt.

Die Gesäumten, deren Wellenzeichnung durch dunkle Säume auf hellen Federn zustande kommt, sind ebenfalls sehr beliebte Zuchtformen.

Hellflügel nennt man jene Vögel, deren Wellenzeichnung nur hellgrau ist.

Harlekine oder Schecken kommen in mehreren Farben und oft in gescheckten, unregelmäßigen Gefiederzeichnungen vor.

Falben nennt man Wellensittiche mit rotbrauner Zeichnung und roten Augen.

Wellensittiche gibt es heute in vielen Farben mit verschiedenen Zeichnungen.

Wellensittich Aufgehellt: Weiß Weißblau (links),
Wellensittich Hellgrün (rechts).

Australischer Schecke Graugrün (links),
Schecke Dunkelgrün (rechts).

Rezessiver
Schecke Grau (links), Gelbgesicht
Wellensittich Weiß-Mauve (rechts).

Australischer Schecke Graugrün.

Wellensittich Aufgehellt: Weiß Weiß-Dunkelblau-Violett.

Opalin-Wellensittich Dunkelblau.

Rezessiver Schecke Grau (links),
Rezessiver Schecke
Dunkelgrün (rechts).

Olivgrüner Wellensittich
(links), Wellensittich Zimt
Dunkelblau (rechts).

Gelbgesicht,
Zimt-Dunkelblau.

Albino, rein weiß.

Falbe Grün.

Wellensittich Zimt Mauve-Grau.

41

Richtig halten und pflegen

Gesunde Wellensittiche, die sich wohl fühlen, begrüßen Sie morgens mit fröhlichem Gezwitscher. Die Vögel turnen munter herum und ihr Gefieder glänzt in leuchtenden Farben.

Zwei, denen es gut geht. Der Mensch kann einem Einzelvogel nicht den Artgenossen ersetzen.

2

Was Wellensittiche alles brauchen

Schon bevor der Wellensittich bei Ihnen einzieht, sollte der ideal eingerichtete Käfig für ihn vorbereitet sein und am richtigen Platz stehen (→ Seite 50). So gewöhnt sich der Vogel in kurzer Zeit an seine neue Umgebung und wird schnell zutraulich.

Der ideale Käfig

Für den Wellensittich bedeutet sein Käfig ein sicherer Zufluchtsort, sein Schlaf- und Eßplatz.

Je größer dieser Käfig ist, umso besser bekommt dies der Gesundheit des Vogels. Er kann beispielsweise seine Flügel benutzen und mit ein paar Flügelschlägen von einer Sitzstange zur anderen fliegen. In solch einem Käfig ist auch mehr Platz für verschiedenes Spielzeug, das gegen Langeweile hilft (→ Seite 48).

Der ideale Käfig ist 100 cm lang, 50 cm breit und 80 cm hoch. Diese Käfiggröße bietet auch zwei Wellensittichen Platz genug. Wellensittichkä-

Wellensittiche sollten unbedingt täglich für mehrere Stunden im Zimmer ihre Flugrunden drehen dürfen.

Da ist doch etwas Aufregendes passiert. Der Gelbe zetert laut, während der Blaue erst einmal abwartet.

fige gibt es bereits in den Mindestmaßen von 50 cm Länge, 30 cm Breite und 45 cm Höhe. Solche Minikäfige kann ich nur dann empfehlen, wenn die Käfigtür ständig offen steht und der Vogel selbst entscheiden darf, wo er sich am liebsten aufhält.

In jedem Fall müssen die Gitterstäbe der beiden Längsseiten waagerecht, nicht senkrecht verlaufen, denn Wellensittiche klettern gern.

Der Abstand zwischen den Gitterstäben beträgt etwa 12 mm. Durch größere Gitterabstände könnte sich ein Wellensittich ohne weiteres durchzwängen.

Am besten zu reinigen sind Gitter, die mit Epoxydharz beschichtet sind.

Achten Sie darauf, daß die Käfigtür groß genug ist, um den Vogel auf der Hand sitzend herauszuholen.

Zum Gitterhaus des Käfigs gehören außerdem die hohe Bodenschale aus Kunststoff sowie der Sandschuber.

Im Käfig sind meist vier gedrechselte Sitzstangen angebracht, eine davon vor den beiden Eßnäpfchen (→ Sitzstangen aus Naturholz, Seite 46). Manchmal hängt eine Schaukel im Käfig oder eine kleine Leiter führt vom Sandschuber zu einer Sitzstange.

Eine Zimmervoliere für die Vogelgesellschaft

Wer eine gemischte Vogelgesellschaft oder eine kleine Wellensittich-Schar halten möchte, braucht eine Voliere. Unter dem Begriff Zimmervolieren werden im Zoofachhandel Käfige angeboten, in denen sich etwa zwei Vogelpärchen wohl fühlen und auch brüten können.

Zimmervolieren haben meist die Maße 120 x 80 x 170 cm und sind inzwischen in sehr dekorativen Ausführungen zum Teil sogar mit Unterschränken erhältlich.

Bedenken Sie aber, daß Zoofachgeschäfte diese Volieren aus Platzgründen häufig nicht vorrätig haben. Sie können sich die entsprechende Voliere jedoch im Herstellerkatalog aussuchen und bestellen lassen.

Es gibt auch Zimmervolieren aus Fertigteilen zu kaufen, die sich einfach zusammensetzen lassen. Der Vorteil solcher Volieren liegt auf der Hand: Man kann sie variabel gestalten, beispielsweise läßt sich eine Zimmerecke als Voliere einrichten.

Die Käfig- Ausstattung zum Wohlfühlen

Nicht allein die Käfiggröße, sondern auch eine anprechende Ausstattung sorgt für Wohlbefinden.

<u>Sitzstangen:</u> Tauschen Sie die im Käfig enthaltenen gedrechselten Sitzstangen gegen Naturäste aus.

Die unebene Fläche der Naturäste und ihr unterschiedlicher Durchmesser ermöglichen dem Vogel eine wohltuende Fußgymnastik. Man kann Naturzweige aus dem Garten oder vom Waldrand verwenden oder sie im Zoofachhandel kaufen. Achten Sie auf einen Durchmesser der Sitzäste zwischen 13 mm und 22 mm, denn der Vogel sollte die Äste nicht völlig umgreifen können, so daß sich seine Zehen berühren.

Darf der Vogel fernsehen?

Ein Wellensittich muß langsam an das Fernsehen und seine Geräusche gewöhnt werden, denn er hat ein sehr feines Gehör. Läuft zum Beispiel ein Krimi, bei dem geschossen wird, kann sich der Vogel durch den Revolverknall erschrekken. Deshalb den Fernseher leise einstellen und deinen Vogel soweit wie möglich vom Bildschirm entfernt halten.

...n gut eingerichter Käfig. Auf ...em Käfigdach ist ein »Spiel-...atz« angebracht, der im Zoo-...chhandel angeboten wird.

...oto links: Der Wellensittich ...us Kunststoff wird behandelt ...s ob er lebendig wäre.

Geeignete Naturzweige sind: Eiche, Erle, Kastanie, Linde, Pappel und Weide.

Alle Zweige nach dem Zuschneiden unter heißem Wasser bürsten, um Schadstoffe zu entfernen, und sie anschließend trocknen lassen.

Die neuen Sitzäste an den gleichen Stellen anbringen wie die gedrechselten Stangen. Befestigt werden sie durch Kerben, die man mit einem Messer in die Astenden

schneidet (→ Zeichnung 3, Seite 71), oder man bindet sie mit naturfarbenen Bastfäden an.

Hinweis: Verwenden Sie niemals Zweige von gespritzten Obstbäumen oder von Bäumen und Sträuchern an stark befahrenen Straßen.

Futter- und Trinknäpfe: Meist enthält ein neu gekaufter Käfig zwei Näpfe, einen für Körnerfutter, der andere für Wasser zum Trinken. Praktisch erweisen sich jedoch ein bis zwei Zusatznäpfchen, in denen man Frischkost anbietet (→ Ernährung, Seite 58).

Der Zoofachhandel bietet für Frischkost kleine Körbchen aus naturbelassenem Binsen an, die leicht am Käfiggitter anzubringen sind (→ Foto, Seite 65).

Hängen Sie alle Futternäpfe so ins Gitter, daß kein Kot hinein gelangen kann.

Futter- und Wasserautomaten: Wasserspender sind empfehlenswert, weil das Wasser in ihnen sauber bleibt. In einem Futterspender dagegen kann sich das Körnerfutter stauen und nicht mehr ins Näpfchen rieseln. Man muß täglich mehrmals kontrollieren, ob der Futternachschub klappt.

Schnabelwetzstein: Er gehört von Anfang an in den Käfig.

47

Er wird so neben einer Sitzstange angebracht, daß ihn der Vogel leicht erreichen kann. Beim Kauf auf den Hinweis achten: »Kalkstein, enthält alle Stoffe, die zum Aufbau und zur Erhaltung des Skelettes wichtig sind sowie zur Bildung der Federn.« Die Sepiaschale ist bei Wellensittichen sehr beliebt, kann aber den Kalkstein nicht ersetzen.

Vogelsand: Er dient nicht nur der Hygiene, indem er Flüssigkeit bindet, sondern liefert dem Vogel auch lebenswichtige Mineralstoffe und ist zugleich Verdauungshilfe. Die Bodenschale des Käfigs wird etwa 2 cm hoch mit Vogelsand ausgestreut.

Manche Vögel setzen sich nicht gern auf den Käfigboden und nehmen daher keinen Sand auf. Bieten Sie solchen Tieren Vogelsand in einem Zusatznäpfchen an oder streuen Sie ein wenig über die Frischkost.

Hinweis: Verwenden Sie stets nur den für Heimvögel bestimmten Sand. Bausand enthält unverträgliche Stoffe.

Badehäuschen: Wellensittiche befeuchten gern ihr Gefieder. Gut geeignet sind Badehäuschen aus Kunststoff mit gerilltem Boden. Noch mehr Platz bietet ein großer Tonuntersetzer für Blumentöpfe mit hohem Rand. Badewannen mit Spiegelboden kann ich nicht empfehlen. Sie sind zu klein, denn der Vogel will mindestens einen Flügel ins Wasser tauchen können (→ Baden macht Spaß, Seite 68).

Spielzeug: Frische Zweige stehen an erster Stelle. An ihnen kann der Vogel sein Nagebedürfnis befriedigen und ist gleichzeitig stundenlang mit dem Zernagen beschäftigt (→ Seite 47). Befestigen Sie die Zweige mit einer Klammer oder mit Bast so am Käfig oder Freisitz (→ Seite 56), daß der Vogel kräftig zubeißen kann, ohne daß der Zweig sich löst.

Ein Spielzeug, das gern zum Klettern benutzt wird.

So bleibt das Wasser sauber.

Sepiaschale mit Halterung.

Automatischer Futterspender.

48

TIP

▼

Es gibt Sandteppiche und -röhrchen für die Sitzstangen zu kaufen, die den Vogelsand ersetzen sollen. Ihre sandartige Oberfläche ist auf eine Unterlage geleimt. Knabbern die Vögel daran, nehmen sie den Leim auf und können sich daran vergiften.

Wer möchte, daß seine Vögel brüten, muß ihnen einen geeigneten Brutkasten anbieten (→ Seite 82).

Aus dem Bast lassen sich auch kleine Quasten fertigen, die der Wellensittich mit Vorliebe mit dem Schnabel bearbeitet. Im Zoofachhandel werden viele Spielsachen für Wellensittiche angeboten, die alle zum Zeitvertreib für den Vogel geeignet sind. Es gibt Glöckchen, Gitterbällchen, Spiegel, Schaukeln und vieles mehr (→ Seite 111).

Hinweis: Jeder Wellensittich knabbert auch gern an Papier, Postern, Büchern oder an Tapeten. Entdeckt Ihr Vogel diese Leidenschaft während des Freiflugs (→ Seite 103), opfern Sie ihm irgend ein Taschenbuch, an dem er nagen darf. So wird er anderes unbehelligt lassen.

Auch Zimmerpflanzen sind vor dem Schnabel des Vogels nicht sicher. Deshalb unbedingt auf unschädliche Pflanzen achten und möglichst preiswerte, schnell wachsende Pflanzen fürs Vogelzimmer wählen (→ Seite 55).

Mit Wellensittichen wohnen

Der gesellige Wellensittic will mitten im Geschehe leben, am besten dort, wo e alles von seiner Menschen familie mitbekommt. Dafü sind einige Vorkehrungen z treffen.

Hier gefällt's dem Wellen sittich

Die meisten Familien halte sich am häufigsten im Wohn zimmer auf, der richtige Raur also auch für den Wellensit tich. Der Platz, an dem de Käfig steht, muß folgende Be dingungen erfüllen:

■ Er sollte so hoch sein, da der Vogel in seinem Käfi einem Erwachsenen ins Ge sicht sehen kann. Die hoh Warte mit guter Umsicht git dem Wellensittich ein Gefüh der Sicherheit. Ein niedrige Standort macht ihm Angs Aktivitäten über seinem Kop empfindet er als Bedrohung.

■ Der Käfig muß auf einer stabilen Untergrund stehen z. B. auf einem Schrank ode einem soliden Brett, das a einer Wand befestigt ist.

Zimmerpflanzen eignen sich wunderbar zum Anknabbern und Verstecken.

Im Flug bilden die weißen Flecken auf den Handschwingen zwei leuchtende Streifen.

■ Der Käfigstandort muß hell sein, darf aber nicht in der prallen Sonne liegen.

■ Es darf nicht ziehen, denn Zugluft - auch die leichteste - macht den Vogel krank. Ob der Platz zugfrei ist, können Sie mit einer Kerzenflamme feststellen.

■ Den Standplatz direkt am Fenster zu wählen ist ungünstig, denn dort kann es im Sommer zu heiß sein, und im Winter strahlt das Fenster Kälte ab.
Gut ist ein Standort in einer Ecke in Fensternähe. Von dort kann der Wellensittich Singvögel oder anderes Geschehen beobachten.

■ Das Vogel-Zimmer sollte stets gut gelüftet und die Temperatur konstant sein. Plötzlicher Temperaturabfall oder abrupter -anstieg machen den Vogel krank.

Als Lebensraum ungeeignet für einen Wellensittich ist die Küche. Kochdampf beispielsweise verträgt der Vogel nicht. Heiße Herdplatten und offene Töpfe sind eine große Gefahr, wenn der Wellensittich frei im Raum fliegt.
Ebenfalls ungeeignet ist das Kinderzimmer. Dort ist der Vogel meistens allein, denn Kinder müssen in die Schule gehen, Hausaufgaben machen und drängen danach ins Freie, um ihrem Bewegungsbedürfnis nachzukommen.

Das Zimmer vogelsicher machen

Wellensittiche sind von Natur aus wahre Flugkünstler. Auch in der Obhut des Menschen sollten sie die Möglichkeit zum Fliegen haben. Für den ungefährlichen Freiflug im Zimmer müssen jedoch einige Gefahrenquellen ausgeschaltet werden (→ Tabelle, Seite 52/53).

51

Gefahrenquellen erkennen und ausschalten

Gefahrenquelle	Gefahr für den Vogel	Abhilfe
Badezimmer	Gekipptes Fenster; Ertrinken im WC-Becken.	Fenster und Deckel des WCs geschlossen halten. Badezimmertür schließen.
Bücherregal	Fällt hinter die Bücher und kann sich nicht aus eigener Kraft befreien.	Bücher mit Kontakt zur Rückwand in Regal stellen, ab und zu zwei Bücher querlegen, um einen Ausschlupf zu schaffen.
Fliegenfänger	Der Vogel bleibt daran hängen. Das Gefieder verklebt so sehr, daß man es abschneiden muß. Eine Prozedur, die zum Herzschlag führen kann.	Auf Fliegenfänger verzichten.
Fußboden	Der Vogel wird übersehen und zertreten.	Sich bereits auf der Türschwelle vergewissern, wo der Vogel sitzt.
Gefäße mit Wasser	Der Vogel fällt hinein und ertrinkt.	Gefüllte Gefäße abdecken. Den Vogel während des Putzens im Käfig lassen.
Gifte	Vergiftung durch: Alkohol, Bleistiftspitzen, Blei, Filz- und Kugelschreiberminen, Klebe- und Lösungsmittel, Pflanzendünger, Putzmittel, starke Gewürze.	Alles für den Vogel unerreichbar aufbewahren.

An der Kresse darf ein Wellensittich gefahrlos knabbern. Vorsicht ist jedoch bei Zimmerpflanzen geboten (→Seite 55).

Vor dem ersten Freiflug müssen
eventuelle Gefahrenquellen für den
Wellensittich beseitigt werden.

Gefahrenquelle	Gefahr für den Vogel	Abhilfe
Insektenspray	Vergiftung; er kann im ausströmenden Spray ersticken.	Im Wohnbereich des Vogels auf Sprays verzichten.
Kerzenlicht	Beim Durchfliegen der Flamme kann der Vogel Feuer fangen und umkommen.	Verzichten Sie bei frei fliegenden Vögeln auf Kerzenlicht.
Küche	Tödliche Verbrennungen beim Landen auf der heißen Herdplatte. Rutscht er in ein unbedecktes Gefäß mit heißer Flüssigkeit, ist das ebenfalls sein Tod.	Auf heiße Herdplatten einen Wasserkessel mit Wasser stellen. Alle gefüllten Gefäße zudecken. Den Vogel niemals ohne Aufsicht in der Küche lassen.
Offene Türen	Der Vogel sitzt gern auf dem oberen Rand der Tür und kann beim Schließen eingequetscht werden.	Türen immer geschlossen halten und sich äußerste Vorsicht angewöhnen.
Papierkorb, Ziergefäße	Der Vogel rutscht hinein und kann aus dem engen Raum nicht aus eigener Kraft heraus. Er könnte darin verhungern oder aus Angst einen Herzschlag bekommen.	Korbware verwenden. Papierkörbe aus Kunststoff innen mit Drahtgeflecht auskleiden, damit er hinausklettern kann; Ziergefäße mit Sand füllen.
Pralle Sonne, überhitztes Auto	Er kann durch Hitzestau einen Herzschlag bekommen.	Dafür sorgen, daß der Vogel stets praller Sonne ausweichen kann. Auto im Schatten abstellen.
Schränke, Schubladen	Der Vogel sucht einen Brutplatz, schlüpft durch die engsten Spalten und kann so unbemerkt eingeschlossen werden. Er kann verhungern oder ersticken.	Schranktüren und Schubladen nie offen lassen, auch keinen Spaltbreit.
Spitze Gegenstände	An Drahtenden, Nägeln, Splittern, Nadeln und dergleichen kann sich der Vogel verletzen und dabei viel Blut verlieren.	Alle spitzen Gegenstände für den Vogel unerreichbar aufbewahren.

Größte Gefahr: Wegfliegen

Ungefähr sechs von zehn als Heimvogel gehaltenen Wellensittichen fliegen weg und finden nicht wieder den Weg zurück in ihr Zuhause. Die Umgebung ist ihnen unbekannt, und sie haben von Natur aus nicht die Fähigkeit, sich an Landmarken zu orientieren.

Finden sie nicht zufällig wieder Aufnahme bei Menschen, sind sie verloren. Unser Klima vertragen sie nicht, sie finden kaum geeignete Nahrung und werden leichte Beute für Greifvögel, Katzen und Hunde.

Offene Türen und Fenster verführen den neugierigen Vogel dazu, seinen Lebensraum erweitern zu wollen. Selbst durch ein gekipptes Fenster mit Stores davor schlüpft der Vogel, denn er klettert gewandt an dem Store empor,

Ein Hängefreisitz, den die Vögel mit Vorliebe nutzen. Die Bastelanleitung finden Sie auf der Seite 56.

Darf der Käfig in deinem Zimmer stehen?

Grundsätzlich ja. Bedenke aber, daß Vögel morgens, sobald es hell wird, wach werden. Sie hüpfen im Käfig herum und zwitschern. Das macht Krach, der dich aus deinen Träumen weckt. Überlege auch, ob es dem Wellensittich nicht zu einsam in deinem Zimmer ist. Morgens gehst du zur Schule, nachmittags möchtest du vielleicht etwas mit Freunden unternehmen. Der Vogel ist dann allein. Er will aber lieber dort sein, wo etwas los ist.

zwängt sich durch die Lücken der Befestigung und schon sitzt er auf dem Fensterrand. Selbst beim Reinigen des Sandschubers kann der Wellensittich durch den Schlitz schlüpfen.

Die wirkungsvollste Sicherheitsmaßnahme: Mindestens ein Fenster im Vogel-Zimmer vergittern.

Dazu ein Maschengitter von 1 x 1 cm Maschenweite auf einen leichten Holzrahmen spannen und den Rahmen mit Schrauben im Fensterrahmen befestigen. So kann der Raum bedenkenlos gelüftet werden, und der Wellensittich darf auch ohne Aufsicht frei im Zimmer leben.

Achtung! Zimmerpflanzen

Zimmerpflanzen, in Reichweite eines Wellensittichs, leben nicht lange. Nur zu gern knapst er Blüten und Blätter ab, um sich so die Langeweile zu vertreiben. Einige beliebte Zimmerpflanzen sind für den Vogel jedoch giftig und unverträglich.

Giftige Pflanzen: Becherprimel, Brechnußbaum, Catharanthus, Christusdorn, alle Dieffenbachia-Arten, Eibe, Hyazinthe, Immergrün, Madagaskar-Immergrün, Madagaskarpalme, alle Nachtschattengewächse, Narzissen, Oleander, Beeren der Spitzblume, Weihnachtsstern, Wunderstrauch, Beeren vom Zierspargel.

Folgende Pflanzen sind zwar nicht giftig, enthalten aber schleimhautreizende Stoffe, die einem Wellensittich schaden können:

Efeu, Fensterblatt, Flamingoblume, Goldtrompete, Kolbenfaden, Philodendron, Schefflera.

Vorsicht mit Kakteen und anderen Pflanzen mit Stacheln und Dornen. Die Berührung mit ihnen kann zu Augenverletzungen führen.

Unschädliche Pflanzen: Blattpelargonie, Fleißiges Lieschen, Flinker Heinrich, Grünlilie, Hibiskus, Scheinrebe, Zimmerlinde, Zimmerwein.

Der Vogelbaum

Ein Freisitz im Vogelzimmer erleichtert Ihnen das Leben. Hier kann der Vogel an den Ästen knabbern, die Zimmereinrichtung bleibt verschont und Kot fällt in den Sand. Mit etwas handwerklichem Geschick gelingt es leicht, den Baum zu basteln.

<u>Was Sie brauchen:</u>
Einen Stamm oder dicken Ast (Ø 8 bis 10 cm) mit einigen Verzweigungen und so hoch wie möglich. Mehrere dicke Zweige (Ø 13 bis 20 mm) für weitere Queräste.

Verwenden Sie die gleichen Holzarten wie auf Seite 47 beschrieben. Vor dem Verarbeiten Äste abschrubben und trocknen lassen.

Einen quadratischen oder runden Bottich aus festem Material von 70 cm Durchmesser. Einen gußeisernen Christbaumständer, 15 bis 20 Kieselsteine in Apfelgröße, Garten- oder Blumenerde, ca. 5 kg Vogelsand, 1 bis 2 Rollen Blumendraht, naturfarbenen Bast.

<u>So wird's gemacht:</u>
Den Stamm im Christbaumständer gut festschrauben und in die Mitte des Bottichs stellen. Den Christbaumständer mit so vielen Steinen beschweren, daß er nicht kippen

kann (→ Zeichnung 1). Zwischen und auf die Steine Erde füllen und gut festdrücken. Auf die Erde den Vogelsand streuen. Die Queräste so weit kürzen, daß keiner über den Rand des Bottichs hinaus ragt und mit Hilfe von Blumendraht solide am Stamm oder an den bereits vorhandenen Seitenästen befestigen (→ Zeichnung 2 und 3). Den Draht mit Bast umwickeln, damit sich die Vögel nicht verletzen können.

Den Vogelbaum durch Spielzeug interessant machen (→ Zeichnung 4).

Den Freisitz so weit wie möglich vom Käfig entfernt aufstellen, damit die Vögel stets eine kleine Strecke fliegen müssen.

Der Hängefreisitz

Er wird an der Zimmerdecke befestigt und kommt dem Bedürfnis der Wellensittiche, so hoch wie nur möglich zu sitzen, sehr entgegen.

<u>Was Sie brauchen:</u>
Zwei Naturäste, einer mit einem Durchmesser von etwa 40 mm, der andere 13 bis 20 mm dick, eine Naturholzplatte (1,5 cm dick, 60 cm lang, 40 cm breit), 4 Holzleisten (5 cm breit, 0,5 cm dick),

1 Ast mit Steinen beschweren.

2 Äste, die überragen, kürzen.

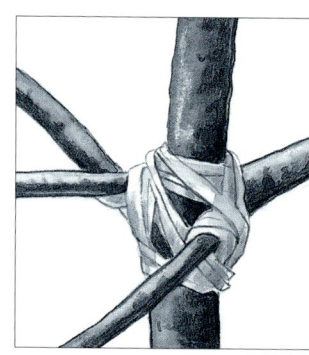

3 Queräste befestigen.

4 Der Vogelbaum wird durch Spielzeug interessant.

8 dünne Holzschrauben, 10 bis 12 Schraubösen, 10 bis 12 Schlüsselringe, eine Leichtmetallkette von etwa 1,5 m Länge. Zum Befestigen an der Decke: 1 große Schrauböse, 1 passenden Dübel, 1 Karabinerhaken.

So wird's gemacht:

Die Holzleisten zu einem Rahmen zusammenschrauben, auf die Holzplatte leimen oder von unten festschrauben. Damit ist die Schmutzauffangschale fertig. Die Sitzzweige so kürzen, daß sie nicht über die Schale hinausragen. Die Kette in 6 etwa 20 cm lange Stücke schneiden. An jedem Kettenende einen Schlüsselring befestigen und in jeden Ring eine Schrauböse ziehen. Die Ösen so in den Schalenrand und die Zweige schrauben, daß die Auffangschale waagerecht an den Zweigen hängt. In der Mitte des dickeren, oberen Astes ein Kettenstück so anbringen, daß die Schale waagerecht hängt. Die Länge der Kette so bemessen, daß man den Freisitz zum Saubermachen leicht erreicht. Den Freisitz mittels Dübel, großer Schrauböse und Karabinerhaken an der Decke befestigen. Bester Platz für der Freisitz: in der Nähe eines Fensters.

Abwechslungsreiche Ernährung

Glücklicherweise weiß man heute ziemlich genau über die Ernährungsweise freilebender Wellensittiche bescheid. Entsprechend wird die Grundnahrung, nämlich Samen verschiedener Gras- und Kräuterarten, von den Futtermittelherstellern für Heimvögel zusammengestellt.

Die Grundnahrung

Die angebotenen Samenmischungen schwanken je nach Hersteller geringfügig. Doch meist besteht die Mischung ungefähr aus 30 % Glanz- oder Spitzsaat, 25 % Silberhirse, 20 % Planta- oder Senegalhirse, 15 % Nackthafer und Bluthirse, 5 % Negersaat und 5 % Leinsamen. Noch hochwertiger wird die Samenmischung, wenn sie zusätzlich Kardi- und Perilsamen sowie Japanhirse enthält. Manche Hersteller mischen sogenannte Jodkörnchen unter die Grundnahrung, die einer möglichen Schilddrüsenerkrankung vorbeugen sollen.

Wichtig beim Futterkauf: Qualität prüfen!

<u>Abpackdatum:</u> Achten Sie beim Kauf der Grundnahrung auf das Abpackdatum, das im Karton eingestanzt sein muß.

Lehnen Sie Packungen ohne diese Angabe ab.

<u>Aussehen der Futterpackung:</u> Sie muß sauber und trocken, darf nicht auf- oder eingerissen sein.

<u>Futterqualität:</u> Leider besagen auch manchmal untadelige Packungen und ein neueres Abpackdatum nicht, daß das enthaltene Futter von guter Qualität ist. Das Erntejahr der Samen ist nämlich nicht festzustellen. Je länger Samen lagern, desto weniger Wertstoffe enthalten sie. Außerdem können sie von Fäulnis, Schimmel oder Ungeziefer befallen sein. Also muß man stets prüfen, ob die Mischung Mängel aufweist.

■ Fäulnis: Faule Sämereien riechen stark und unangenehm, während gesunde geruchlos sind.

■ Schimmel: Er zeigt sich durch weißlich-grauen Belag. Schon leichter Schimmelbefall kann zu tödlichen Krankheiten führen. Deshalb die Samen nach und nach über die Handfläche rieseln lassen und Stichproben mit der Lupe machen.

■ Ungeziefer: Die Samen sind teilweise zusammengeklumpt. Das Futter ist von spinnwebenfeinen Fäden durchzogen.

Das »tägliche Brot« der Wellensittiche sind Samenkörner. Achten Sie auf die Qualität der Samenmischung.

<u>Die Keimprobe:</u> Ob die ge-kaufte Futtermischung genü-gend Wertstoffe enthält, läßt sich daraus ersehen, ob aus den Samenkörnern Keime sprießen. Erweist es sich, daß nur etwa 50% der Samen keimfähig sind, sollten Sie die Futterpackung wegwerfen und eine neue für Ihren Vogel besorgen. Das Keimrezept fin-den Sie auf Seite 63.

Wieviel ißt ein Wellensit-tich?

■ Morgens je Vogel 2 bis 3 Teelöffel Samen ins Fut-ternäpfchen geben.

■ Gegen Mittag die leeren Spelzen im Näpfchen mit einem Löffel entfernen, denn der Vogel erreicht sonst die darunter verborgenen vollen Samen nicht.

■ Am späteren Nachmittag prüfen, ob noch genügend Körner im Näpfchen sind. Gegebenenfalls 1 bis 2 Teelöf-fel Samen nachfüllen, damit die Vögel spät abends und früh morgens ihren Hunger stillen können.

<u>Es stimmt nicht</u>, daß ein Wel-lensittich von zu reichlich bemessener Grundnahrung dick wird. Wellensittiche haben einen regen Stoffwech-sel und müssen mehrmals am

Wie stellst du den Vogel-Speiseplan richtig zusammen?

Wenn du deinen Wellensittich gesund ernähren möchtest, richte dich täglich nach diesem Speiseplan:

● Gewohnte Samenmischung (morgens 2 bis 3, nachmittags 1 bis 2 Teelöffel je Vogel)
● Kolbenhirse (gib jungen Vögeln soviel sie mögen, erwachsenen ein 6 cm langes Stück)
● Frisches Wasser
● Obst: Je eine Apfelspalte und eine dicke Scheibe Banane in der Schale
● Gemüse: 1 Gurken- und 1 Möhrenscheibe
● Kräuter: Ein Bündel Petersilie

Obst, Gemüse und Kräuter kannst du jeden Tag austauschen (→ Frischkost, Seite 61).

Möhren sind gesund und sor-gen für Knabberspaß gegen Langeweile.

Mal probieren, ob die gekochte Kartoffel schmeckt. Aber aufpassen, daß die Kartoffel nicht mehr heiß ist.

Tag Nahrung zu sich nehmen, um ihre Körpertemperatur von 42,1 °C konstant zu halten.

Es stimmt dagegen, daß manche Vögel zum Dickwerden neigen. Schuld daran sind vor allem Bewegungsmangel und Dickmacher wie Herzchen und Stangen, an denen durch Honig- oder Zuckerlösung Samen haften. Keinesfalls aber darf man einen zu dicken Vogel hungern lassen. Verschaffen Sie ihm stattdessen mehr Bewegung, indem Sie ihm z. B. öfters Freiflug im Zimmer gewähren, und verzichten Sie bei seiner Ernährung auf Dickmacher.

Trinkwasser, so wichtig wie die Samenkörner

Der Wellensittich muß stets frisches Wasser zum Trinken vorfinden. Er braucht die Flüssigkeit, damit die Samen in seinem Magen aufweichen. Gut ist frisches, nicht zu kaltes Leitungswasser, besser ist der Vogeltrank aus dem Zoofachhandel, und am besten ist kohlensäurefreies Mineralwasser wegen seiner wertvollen Inhaltsstoffe.

Wird das Trinkwasser nicht im Wasserspender angeboten, sondern in einem Näpfchen, müssen Sie mehrmals täglich prüfen, ob das Wasser nicht durch Kot, Federchen oder Spelzen verschmutzt ist und es gegebenenfalls erneuern.

Frischkost – Abwechslung im Speiseplan

Frischkost wie Obst und Gemüse und Kräuter enthalten viele Vitamine und Mineralstoffe. Als Ergänzung zur Grundnahrung halten sie den Vogel fit und sorgen für ein glänzendes Gefieder. Von An-

fang an sollte deshalb Ihr Wellensittich frisches Grün in seinem Käfig finden, damit er sich sofort an die Frischkost gewöhnt. Was bekömmlich für Ihren Vogel ist, habe ich im folgenden für Sie zusammengestellt.

Rohes Gemüse:

Auberginen, wenig Fenchel, wenig Gurke, Möhre, Paprikaschote, Zucchini (in dicken Scheiben oder Stücken zwischen die Gitterstäbe des Käfigs klemmen).

Chicorée (ein Blatt in breite Streifen geschnitten), grüne Erbsen, Stückchen von Erbsenschoten, milchreife Maiskörner, Stückchen von Toma-

ten (alles gemischt in einem Schälchen oder Körbchen anbieten (→ Seite 47). Blätter von jungem Löwenzahn, Mangold, Spinat, Petersilie, Basilikum, Kerbel, Melisse, Minze, Sauerampfer, Vogelmiere, unbehandelte Salatblätter außer Kopfsalat (mit einer Klammer im oder auf dem Käfig befestigen).

Frisches Obst:

Ananas, Apfel, Feigen, Kiwi, Melone, Orange, Pfirsich (in Scheiben oder Spalten zwischen die Gitterstäbe des Käfigs klemmen).

Aprikosenstückchen, Mandarinenspalten halbiert, Banane mit der Schale in Scheibchen,

Solche Töpfchen mit frischen Gräsern gibt es im Zoofachhandel zu kaufen.

Ganze Kirschen oder Weintrauben kann der Vogel nicht beißen. Die Früchte müssen halbiert angeboten werden.

Die Vitaminkur für Wellensittiche

Gekeimte Körner sind sehr gesund für den Wellensittich. Außerdem kann man an der Keimfähigkeit von Samenkörnern feststellen, ob die gekaufte Samenfuttermischung genügend Wertstoffe enthält (→ Seite 58).

Das Keimrezept:

1 1/2 bis 1 Teelöffel der Samenmischung in ein Glasschälchen geben. Die Samen etwa 2 cm hoch mit Wasser bedecken. Glasschälchen locker zudecken und die Samen 24 Stunden einweichen lassen.

2 Die Samen danach lauwarm abbrausen, abtropfen lassen, in das ausgewaschene Schälchen zurückggeben und lose zudecken. Die Samen weitere 48 Stunden keimen lassen. Zum Keimen brauchen die Samen Tageslicht und Raumtemperatur.

3 Sobald die Keime etwa 1 cm hoch aus den Samen sprießen, diese noch einmal lauwarm abbrausen, abtropfen lassen und dem Vogel anbieten. Was von den Keimen nach zwei bis drei Stunden nicht verzehrt ist, wegwerfen, denn die Keimlinge können rasch schimmeln.

4 Erweist es sich, daß nur noch etwa 50 % der Samen keimfähig sind, sollten Sie eine neue Packung Körnerfutter für Ihren Vogel kaufen.

Wie oft Keime anbieten?

- Brütende Vögel sollten während der Brut und der Aufzucht der Küken täglich gekeimte Samen bekommen, ebenso ein Vogel in der Mauser.
- Außerhalb von Brut und Mauser : ungefähr alle vier Wochen etwa 20 Tage lang gekeimte Samen.

Kirschen, Erdbeeren, Brombeeren, Himbeeren, halbierte Weintrauben (alles gemischt im Schälchen oder Korb anbieten).

In Kirschen, Beeren und ganze Weintrauben kann der Wellensittich nur beißen, wenn man ihm diese Früchte hinhält. Etwas aufwendig, aber vergnüglich zu sehen, wie sehr er diese Gaben schätzt.

Unbekömmliches: Jeglicher Kohl, rohe und grüne Kartoffel, grüne Bohnen, gegen Ungeziefer behandelte Blattsalate, Grapefruit, Rhabarber, Pflaume, Zitrone, Avocado.

Obst und Gemüse vorbereiten

Alle Früchte sowie das Gemüse sollten frisch sein und Raumtemperatur haben. Es muß gut gewaschen und völlig trocken sein. Faulige Stellen großzügig entfernen. Schimmlige Früchte unbedingt wegwerfen, denn Schimmel siedelt sich – für uns unsichtbar – im Inneren von Nahrungsmitteln an.

Wie der Vogel zum Frischkost-Fan wird

Manche Wellensittiche weigern sich beharrlich, an der Frischkost zu naschen. Geben

Kolbenhirse, der »Megaleckerbissen« für alle Wellensittiche. Aber Vorsicht, zuviel macht dick (→ Seite 65).

Sie nicht auf, bieten Sie es ihm trotzdem täglich an. Essen Sie vor seinen Augen ein paar Stückchen aus seiner Portion, vielleicht macht ihn das neugierig? Oder Sie laden einen Wellensittich, der Frischkost mag, zu sich ein und lassen den Ihren zusehen, wie der Gast von den Früchten ißt. Das wird meist rasch nachgeahmt.

Extras aus Ihrer Küche

In kleinen Mengen darf der Vogel an einer Brotrinde knabbern, an trockenen Keksen oder Zwieback, gekochten, kalten Nudeln oder an einer kalten, gekochten Kartoffel. Haben Sie hartgekochte Eier, mischen Sie ihm etwas zerkleinertes Eigelb mit 1/2 Teelöffel Magerquark. Diese wertvolle Eiweißnahrung dem Vogel einmal pro Woche anbieten.

Streng verboten sind jedoch alle zuckerhaltigen oder fetten Speisen, stark Gewürztes oder Salziges, pures Fett, Schokolade und alle Getränke, die Spuren von Alkohol enthalten. Ebenso das Naschen vom Eßtisch.

Der Aufenthalt zwischen heißen Speisen ist zu gefährlich. Sperren Sie den Vogel

ie meisten Wellensittiche
werden zu dick, weil sie nicht
enügend Bewegung haben.

während Ihrer Mahlzeit in seinen Käfig, er wird dann dort
auch zu essen beginnen.

Extras, die Sie kaufen können

Der Zoofachhandel bietet
einige Extras für die abwechslungsreiche Ernährung Ihres
Wellensittichs an.

Kolbenhirse: Sie ist die Lieb-
lingsspeise des Wellensittichs
und eine gesunde Ergänzung
zum täglichen Körnerfutter.
Von der hoch-
wertigen Kol-
benhirse sollten
erwachsene ge-
sunde Vögel al-
lerdings nicht
mehr als ein etwa
6 cm langes Stück

bekommen, damit sie sich
nicht ausschließlich und damit einseitig davon ernähren.
Brütende Paare, Jungvögel
und kranke bzw. schwache
Vögel dürfen dagegen mehr
bekommen.

Vitaminpräparate: Vitamine
sind überaus wichtig für die
gesunde Ernährung des Vogels.
Deshalb halte ich Vitaminpräparate für eine sinnvolle Ergänzung. Sie werden entweder
dem Trinkwasser zugesetzt
oder über die Frischkost geträufelt. Achten Sie auf
das Haltbarkeitsdatum!

Zusatzkörner: Sie werden beispielsweise unter den Begriffen »Mauserhilfe« oder auch
»Sprechperlen« deklariert. Sicher enthalten die Körner
Vitamine und andere Auf-
baustoffe. Ob sie jedoch dem
Vogel die Mauser erleichtern,
sei ebenso dahingestellt wie
die Behauptung, Sprechperlen
fördern das Sprachtalent.

Knabberstangen, Herzchen,
Ringe: Wellensittiche knabbern gerne die Samen, die
daran haften. Doch als »Kleb-
stoff« dienen Honig- oder
Zuckerlösungen, die wiederum
den Vogel dick machen. Als
gesunder Knabberspaß sind
frische Zweige eher zu empfehlen (→ Seite 48).

TIP

▼

Im Zoofachhandel gibt es
kleine Töpfchen, aus de-
nen Gräser sprießen, zu
kaufen (→ Foto, Seite 62).
Man kann sie in das Käfiggitter einhängen. So hat Ihr
Wellensittich stets frisches
Grün zum Knabbern. Für die
Töpfchen sind Nachfüll-
packungen erhältlich .

Sorgfältige Pflege

Viele Stunden des Tages verbringt ein Wellensittich mit seiner Körperpflege. Doch das Sauberhalten des Käfigs, des Freisitzes und aller Utensilien, die der Vogel benützt, gehört in Ihren Verantwortungsbereich.

Hygiene ist im übrigen die beste Vorbeugung gegen Krankheiten Ihres Wellensittichs und schützt auch Sie.

So »wäscht« sich ein Wellensittich

Mehrmals täglich und mit bewundernswerter Ausdauer pflegt ein Wellensittich sein Gefieder.

Nach und nach zieht er jedes Federchen – auch die langen Schwanz- und Schwungfedern – durch den Schnabel, glättet, entstaubt und fettet sie ein. Ein fetthaltiges Sekret entnimmt der Vogel mit dem Schnabel der Bürzeldrüse und bringt es auf das Gefieder.

Das Kopfgefieder wird direkt an der Bürzeldrüse eingerieben. Bei der Gefiederpflege säubert der Vogel auch gleichzeitig die Haut von Schmutzpartikelchen.

Sorgfältig widmet er sich der Pflege der Füße und Zehen. Der Schnabel wird nach jeder Nahrungsaufnahme gesäubert, indem der Vogel ihn beidseitig an einem Ast abreibt.

Bei seiner Körperpflege zeigt der Wellensittich erstaunliche Gewandtheit. Sein Köpfchen kann er um 180 Grad drehen und erreicht so in Vor- und Rückbeuge mühelos die untere Bauchpartie und die Kloake – so nennt man den After des Vogels. Muß sich der Wellensittich am Kopf kratzen, führt er einen Fuß unter dem Flügel hindurch zum Kopf.

Die gegenseitige Gefiederpflege

Bei Wellensittich-Paaren läßt sich beobachten, daß sich die Vögel gegenseitig das Kopfgefieder mit dem Schnabel beknabbern und kraulen. Diese angeborene Verhaltensweise dient in erster Linie

Für manche Wellensittiche ein sichtlicher Genuß: Das Vollbad im Blumentopfuntersetzer.

Der Schnabel wird durch Reiben am Ast gesäubert und in Form gehalten.

dazu, die Bindung des Paares aneinander zu festigen. Andererseits bringt dieses Verhalten auch einen Pflegeeffekt mit sich: das Kopfgefieder wird auf diese Weise geglättet und von Schmutzteilchen gesäubert. Der Einzelvogel kann das nur ungenügend mit Hilfe seines Fußes tun.

Beim Kopfkraulen steht der pflegende Wellensittich hoch aufgerichtet bei seinem Partner und beknabbert dessen Kopf- und Halsgefieder. Mit leicht geplustertem Gefieder hält ihm der Empfangende genüßlich jene Kopfpartien entgegen, an denen er gern gekrault werden möchte. Es kommt aber vor, daß der gekraute Vogel plötzlich zusammenzuckt, manchmal sogar mit einem leichten Aufschrei.

Wahrscheinlich hat der Partner ungeschickt eine noch in der Hülse steckende Feder berührt, was dem Vogel weh tut. Nach kurzer Unterbrechung wird die Gefiederpflege jedoch mit gleicher Intensität fortgesetzt.

Ein einzel gehaltener Heimvogel vermißt diese Zuwendung. Eines Tages wird er deshalb

dem vertrauten Menschen mit leicht geplustertem Gefieder sein Köpfchen hinhalten, um damit auszudrücken, daß er gekrault werden möchte. Streichen Sie ihm dann mit dem kleinen Finger oder auch mit der Nasenspitze sacht gegen den Strich über Kopf oder Hals, so lange wie der Vogel wohlig stillhält.

Seien Sie nicht überrascht, wenn Ihr Wellensittich bald danach versucht, Ihre Wimpern oder Augenbrauen zu beknabbern: er möchte Ihnen den gleichen Liebesdienst erweisen.

Baden macht Spaß

Wenn Sie beobachten, wie Ihr Wellensittich versucht, seinen Bauch ins Trinknäpfchen zu tauchen oder wenn er ein mit Wasser gefülltes Glas mit leicht geplustertem Gefieder umtrippelt, hat er mit Sicherheit große Lust auf ein Bad. Diese Lust läßt sich auf mehrere Arten befriedigen:

■ Kaufen Sie ihm ein Badehäuschen im Zoofachgeschäft, das man in die Öffnung der Käfigtür einhängen kann (→ Zeichnung 1, Seite 70). Füllen Sie es etwa 3 cm hoch mit handwarmem Wasser. Viel-

Die gründliche Gefiederpflege nimmt mehrere Stunden des Tages in Anspruch.

TIP

▼

**Etwa alle 15 Minuten gibt
der Vogel ein Kotkügel-
chen ab, auch, wenn er
gerade nicht in seinem
Käfig weilt. Der Kot fällt
manchmal auf einen Ses-
sel oder den Teppichbo-
den. Er ist zwar geruchlos,
enhält aber ätzende Sub-
stanzen. Deshalb den Kot
sofort mit einem Papier-
taschentuch wegwischen.
Ist er zu weich, ihn trocknen lassen und mit Hilfe
von Bürste und Staubsau-
ger entfernen.**

**Hat der Vogel eine große Feder
wie diese verloren, wächst sie
erst in einigen Wochen nach.**

leicht traut er sich beim ersten
Mal noch kein richtiges Vollbad zu nehmen. Ist er dagegen
mit seiner »Badewanne« ver-
trauter, befeuchtet er zunächst
sein Bauchgefieder, erst den
einen, dann den anderen Flügel und taucht zuletzt das
Köpfchen ins Wasser.

Auch ein großer Blumentopfuntersetzer aus Ton eignet sich
hervorragend als Badewanne
(Durchmesser etwa 26 cm).
Stellen Sie ihn aber außerhalb
des Käfigs auf, z. B. auf einem
Tisch. Während seiner Frei-
flugrunden im Zimmer wird
ihn der Wellensittich be-
stimmt entdecken.

■ Verweigert der Vogel
beharrlich Badehäuschen oder
Tonuntersetzer, mag er vielleicht lieber duschen. Dazu
eine Blumensprühflasche mit
handwarmem Wasser füllen
und den Wellensittich aus
etwa 30 cm Abstand besprü-
hen. Gefällt ihm das, wird er
sich drehen und wenden und
den Nieselregen genießen.
Zeigt sich der Vogel jedoch
ängstlich und versucht zu
flüchten, müssen Sie das

Duschen abbrechen und ab-
warten, bis er wieder Badelust
zeigt.

Duschen unter dem tropfen-
den Wasserhahn ist meist ein
Zufallsergebnis. Gut mit dem
Menschen vertraute Vögel be-
gleiten ihre Bezugsperson gern
in die Küche oder ins Bad.
Sieht der Vogel dort Wasser
aus dem Hahn fließen, will er
sein Gefieder befeuchten. Auf
der Hand sitzend oder in der
Handfläche liegend trinkt er
ein wenig und läßt sich danach berieseln.

■ Es gibt aber auch Wellensittiche, die zu viel Wasser für
schädlich halten. Sie lehnen
sowohl Voll- als auch Dusch-
bad ab, befeuchten höchstens
das Gefieder an einem noch
nassen Kräuterbündel. Wenn
Ihr Wellensittich zu den was-
serscheuen gehört, so können
Sie ihm hin und wieder eine
Schale mit nassen Blättern
anbieten. Blätter von Löwenzahn, Vogelmiere, Küchen-
kräutern, Rapunzel, Spinat
oder Mangold sind dafür geeignet.

Vogelpflege leicht gemacht

Im Grunde verursachen Wellensittiche dem Halter wenig
Arbeit.

Der Zeitaufwand, um für die entsprechende Hygiene zu sorgen, ist deshalb recht gering.

Hinweis: Verwenden Sie für die Reinigung des Käfigs bzw. aller Zubehörteile keine Spül- oder Putzmittel, sie sind für den Vogel unbekömmlich. 60 Grad warmes Wasser hat genügend Reinigungskraft.

Tägliche Pflegemaßnahmen:
■ Morgens alle Futternäpfchen, den Wasserspender, eventuell auch den Futterautomat aus dem Käfig nehmen, mit warmem Wasser auswaschen, abtrocknen und neu füllen. Von den Hülsen befreite Körnerreste können wieder verwendet werden.
■ Am Nachmittag die leeren Hülsen der Futterkörner (Spelzen) mit einem Löffel abschöpfen (→ Zeichnung 2). Die Samen im Futterautomaten gründlich durchschütteln. Futterkörner auffüllen, damit die Vögel am frühen Morgen genügend Nahrung vorfinden.
■ Durch Kot verschmutzte Sitzäste mit einem Drahtbürstchen abreiben und mit einem feuchten Papiertaschentuch nachwischen.
■ Aus dem Sand im Käfigschuber und im Bottich des Freisitzes mit einem Löffel alle

Schmutzteilchen entfernen und etwas frischen Sand einstreuen.
Vorsicht, der Vogel kann durch den Schlitz des Sandschubers entwischen.
Damit das nicht passiert, am besten ein Buch oder einen feuchten Lappen vor den Schlitz legen.

Wöchentliche Pflegemaßnahmen:
■ Sandschuber ausleeren; Bodenschale und Sandschuber heiß auswaschen und abtrocknen. Frischen Sand in den Schuber streuen.
■ Alle Spielzeuge des Wellensittichs abnehmen, heiß abwaschen, trocknen und am gewohnten Platz anbringen.

1 Solche Badehäuschen werden in die Käfigtür eingehängt. Sie sollten am Boden eine rauhe Oberfläche haben, damit der Vogel beim Baden nicht ausrutschen kann.

2 Hat der Wellensittich die erste Schicht Futterkörner im Näpfchen enthülst, ist er nicht in der Lage, die darunterliegenden Futterkörner zu erreichen. Deshalb am Nachmittag leere Hülsen mit einem Löffel abschöpfen.

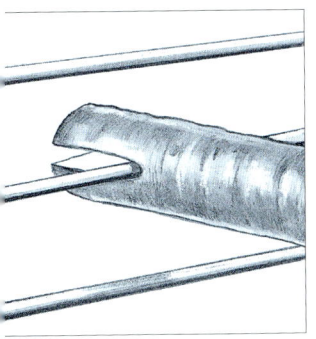

3 Gedrechselte Sitzstangen sollten durch Naturäste ersetzt werden. Stark verschmutzte und zernagte Äste regelmäßig erneuern. Dazu Naturäste passend einkürzen, an den Enden mit einem Messer einkerben und zwischen das Käfiggitter klemmen.

Der Zeitaufwand für die Vogelpflege ist recht gering. Im Durchschnitt reichen etwa 45 Minuten täglich aus.

■ Sitzäste mit einer Drahtbürste reinigen, heiß abwaschen und trockenreiben.
■ Alle Restkörner des Futters wegwerfen; Näpfe und Wasser- oder Futterspender heiß auswaschen, abtrocknen und frisch füllen.

Monatliche Pflegemaßnahmen:
■ Alle Näpfchen, Spender und Spielzeuge wie wöchentlich behandeln.
■ Sandschuber, Bodenschale und Käfigoberteil in der Badewanne heiß abbrausen und dabei bürsten. Danach alle Teile trockenreiben.
■ Sitzäste mit einer Drahtbürste reinigen, heiß abwaschen und trockenreiben. Äste im Freisitz feucht nachwischen. Zernagte Äste im Käfig durch frische ersetzen (→ Zeichnung 3).
■ Den Käfig wieder zusammenbauen, frischen Sand auffüllen, alles im Käfig anbringen, Futter- und Wasserbehälter frisch füllen. Im Bottich des Vogelbaums den Sand zum Großteil erneuern.

71

Wenn der Vogel krank wird

Lebt ein Wellensittich in einem hellen, gut gelüfteten Raum bei gleichbleibender Temperatur, wird er abwechslungsreich ernährt und darf viel fliegen, klettern, nagen und spielen, sind das ideale Voraussetzungen für eine gute Gesundheit. Den häufigsten Krankheiten des Wellensittichs liegen vor allem Haltungsfehler zugrunde.

Die ersten Krankheitsanzeichen

Der kranke Wellensittich sitzt meist aufgeplustert mit leicht hängendem Schwanz in fast waagerechter Haltung auf seinem Lieblings- oder Schlafplatz. Den Schnabel im Rückengefieder vergraben, die Augen halbgeschlossen, ruht er auf beiden Füßen, nicht wie im gesunden Schlaf nur auf einem Fuß. Er meidet Kontakt und nimmt kaum Nahrung zu sich.
Erste-Hilfe-Maßnahmen:
■ Den Vogel in einem Einzelkäfig unterbringen, für Wärme und Ruhe sorgen und ihn sorgfältig beobachten.
■ Nur wenn keine Krämpfe oder Lähmungserscheinungen zu bemerken sind, sie zeigen sich durch das Nachziehen eines Fußes oder durch einen kraftlos hängenden Flügel,

darf man den Vogel mit Infrarot-Dunkelstrahlen behandeln. Infrarotstrahlen dringen unter die Haut, regen Blutkreislauf und Stoffwechsel an, wodurch schädliche Substanzen im Körper abgebaut und Abwehrkräfte aktiviert werden.

Die richtige Wärmebehandlung

■ Den Infrarot-Dunkelstrahler (150 bis 250 Watt) im Abstand von etwa 40 cm so auf den Käfig richten, daß nur eine Käfighälfte bestrahlt wird. Jetzt kann der Vogel den Strahlen ausweichen, wenn es ihm zu warm wird oder sie ihm unangenehm sind.
■ Die Temperatur prüfen. In Käfignähe sollte sie nicht 35 Grad übersteigen; nötigenfalls die Temperatur durch den Abstand des Strahlers vom Käfig regulieren.
■ In der Nähe des Käfigs eine Schüssel mit dampfendem Wasser aufstellen, damit genügend Luftfeuchtigkeit entsteht.
■ Während der Bestrahlung dem Vogel sehr schwach aufgebrühten, schwarzen Tee im Käfig zum Trinken anbieten.
■ Die Bestrahlung darf mehrere Stunden andauern. Doch

Viel Bewegung wie Fliegen
und Klettern ist eine gute Voraussetzung dafür, daß die
Vögel gesund bleiben.

ehe sie beendet wird, sollte der Abstand des Strahlers zum Käfig vergrößert werden, damit die Temperatur während etwa zwei Stunden allmählich absinkt.

Hinweis: Bringt die Bestrahlung innerhalb einiger Stunden keine Besserung, den Vogel umgehend zum Tierarzt bringen.

Hausapotheke für Wellensittiche

Zur Ersten Hilfe und für Unpäßlichkeiten Ihres Wellensittichs ist es nützlich, einige Präparate in der Hausapotheke bereit zu halten.

Im Zoofachhandel erhalten Sie Mauserhilfe, eine mit Vitaminen angereicherte Samenmischung, die den Vogel kräftigt und das Wachstum der Federn fördert (→ Mauser, Seite 113).

In der Apotheke können Sie einige Produkte kaufen, die zur Ersten Hilfe oder zur Behandlung ungefährlicher Störungen geeignet sind:

■ Paraffinöl, mit dem man von Sittichräude befallene Stellen mittels eines Wattestäbchens betupft (→ Zeichnung 4, Seite 79).

Achtung: Augen- und Nasenlöcher sorgfältig aussparen.

■ Nasivin hilft gegen Schnupfen. Es wird auf die Nasenlöcher geträufelt (→ Zeichnung 2, Seite 79).

■ Vitaminpräparate: Vitacombex, Emulvit oder Multi-Bio-Weyx-In. Diese Präparate nach Vorschrift auf der Packung verwenden, allerdings in geringerer Dosierung.

■ Für Erkältungen mit Atembeschwerden gibt es Transpulmin Balsam E, Wick vaporup oder Tigerbalsam. Von diesen jeweils einige Tropfen in heißes, dampfendes Wasser geben und während der Infrarot-Bestrahlung neben den Käfig stellen.

■ Augentropfen zur Behandlung von verkrusteten Augenlidern, zur Reinigung von Wunden und der Kloake.

Achtung: Die Augentropfen müssen garantiert cortison- und antibiotikafrei sein. Keinen Kamillentee verwenden!

■ Eisenchlorid als blutstillendes Pulver (→ Zeichnung 5, Seite 79).

Krankheiten und Notfallsituationen

Folgende Krankheiten und Notfallsituation treten am häufigsten bei der Haltung von Wellensittichen auf.

TIP

Es ist gar nicht so einfach, einen Tierarzt zu finden, der sich in der Behandlung von Wellensittichen auskennt. Erkundigen Sie sich deshalb am besten schon nach einem guten Vogelspezialisten in Ihrer Nähe, bevor der Krankheitsfall eintritt. Auskunft geben sicher gerne Züchter, Zoofachhändler oder andere Wellensittichhalter.

Die Füßchen dieses jungen Wellensittichs sind verkrüppelt. Manchmal sind Haltungsfehler daran schuld.

Mit dem Wellensittich zum Tierarzt

Fragen des Tierarztes, auf die Sie vorbereitet sein sollten	• Wie alt ist der Wellensittich? • Aus welcher Tierhandlung oder von welchem Züchter stammt er? • Seit wann macht er einen kranken Eindruck? • Was ist am Verhalten des kranken Vogels auffallend? • War der Vogel früher schon einmal krank? • Welche Krankheit wurde festgestellt? • Wer hat ihn mit welchen Medikamenten oder Maßnahmen behandelt? • Welche Grundnahrung bekommt der Vogel? (Probe mitnehmen!) • Was hat er an Obst und Gemüse zu sich genommen? • Was bekommt er zu trinken? • Könnte er mit giftigen Substanzen in Berührung gekommen sein? • Welche Haustiere leben außer dem Wellensittich in Ihrem Haushalt?
Der Transport zum Tierarzt	• Den Vogel in einem möglichst kleinen Käfig ohne Ausstattungsgegenstände transportieren. Bei Flügel- oder Beinbruch den Käfigboden mit reichlich weichem, zerknülltem Papier auspolstern. • Im Winter und an kühlen Sommertagen an einer Längsseite des Käfigs mit Gummispannern eine mit warmem Wasser gefüllte Gummiwärmflasche befestigen, damit sich der Vogel an die warme Seite schmiegen kann (→ Zeichnung 1, Seite 78). • Den Käfigboden mit Küchenpapier auslegen, damit der Arzt den Kot untersuchen kann. • Den Käfig in einen Karton mit vielen Luftlöchern stellen und auf kürzestem Weg zum Tierarzt bringen.
Wichtig für den Behandlungserfolg	• Führen Sie alle vom Tierarzt empfohlenen Maßnahmen genau durch. • Medikamente exakt nach Anweisung des Tierarztes verabreichen. • Fragen Sie den Tierarzt, ob die Infrarot-Bestrahlung weiterhin zu empfehlen ist. • Fragen Sie den Tierarzt, ob homöopathische Mittel eingesetzt werden können.

75

Gesunde Vögel sind munter und zeigen ihr gesamtes Verhaltensrepertoire.

Braucht ein Vogel Beschäftigung?

Anfangs wollte jeder als erster Hansi das Sprechen beibringen. Als der Vogel aber drei Wochen später immer noch kein Wort sprach, sondern nur fröhlich zwitscherte, beschäftigte sich niemand mehr mit ihm. Von Tag zu Tag wurde der kleine Papagei stiller. Er begann, sich sogar die Federn auszurupfen. Eines Tages war Hansi tot. Für einen einzeln gehaltenen Vogel bist du sein einziger Partner. Du mußt viel mit ihm reden und mit ihm spielen. Er sollte im Zimmmer fliegen dürfen und immer frische Zweige zum Knabbern haben. Ein Vogelpaar kann sich zwar gegenseitig unterhalten und beschäftigen, doch es braucht auch Abwechslung vom langweiligen Leben im Käfig.

Blutende Wunden

Mögliche Ursachen: Verletzung an einem spitzen Gegenstand; durch andere Heimtiere, Rivalenkämpfe.

Was Sie tun können: Blutende Wunden sofort versorgen, denn ein Wellensittich hat wenig Blut und kann rasch verbluten. Eisenchlorid aus der Apotheke auf ein frisches Papiertaschentuch streuen, die Wunde damit umfassen und gut 60 Sekunden lang leicht auf die Wunde drücken (→ Zeichnung 5, Seite 79). Den Vogel danach im Einzelkäfig ruhigstellen. Tiefe Wunden trotz momentanem Stillstand der Blutung vom Tierarzt versorgen lassen.

Durchfall

Anzeichen: Breiiger oder wäßriger Kot.

Mögliche Ursachen: Macht der Vogel einen munteren Eindruck, könnte die Störung eine harmlose Ursache haben wie z. B. zu kaltes Badewasser, unbekömmliche Nahrung, der Vogel hat sich erschreckt, oder er trauert aus Einsamkeit.

Was Sie tun können: Dem Vogel Aktiv- oder Tierkohle in Pulverform über die Samen streuen oder – noch effizienter – mit wenig Wasser gemischt mittels einer Pipette direkt in den Schnabel träufeln (→ Zeichnung 3, Seite 79). Statt Wasser schwach aufgebrühten schwarzen Tee zum Trinken geben. Frischkost weglassen, solange der Durchfall anhält und stattdessen Vitamintropfen in den Tee geben. Knäckebrot oder trockenes Weißbrot zur Schnabelarbeit anbieten. Für gleichmäßige Wärme sorgen.

Achtung: Alarmzeichen sind nicht nur wäßriger Kot, sondern schäumender, mit Blut gemischter oder auffallend verfärbter Kot. Dann sofort den Tierarzt aufsuchen.

Verstopfung

<u>Anzeichen:</u> Der Vogel preßt angestrengt, wippt seitlich mit dem Schwanz und kann keinen Kot absetzen.

Hinweis: Setzt ein Weibchen seltener Kot ab als gewöhnlich, dafür aber auffallend große und oft etwas zu weiche Portionen, so könnte es sich anschicken, ein Ei zu legen. Legende und brütende Wellensittiche koten in größeren Mengen, damit sie das Gelege möglichst selten verlassen müssen.

<u>Mögliche Ursachen:</u> Die Kloake ist verklebt; innere Störung.

<u>Was Sie tun können:</u> Den Vogel in die Hand nehmen und die Kloake mit lauwarmem Wasser säubern. Ist die Kloake nicht verklebt, dem Vogel zwei Tropfen Paraffin- oder Olivenöl auf die Zunge träufeln und für 24 Stunden Nahrung und Vogelsand entfernen. Nur Wasser anbieten. Hält die Verstopfung an, den Tierarzt konsultieren.

Achtung: Bei einem Weibchen könnte es sich um Le-

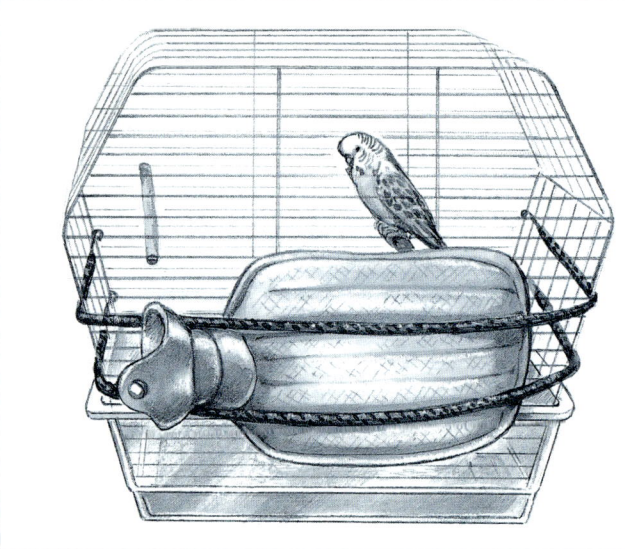

genot handeln; die Kloakengegend ist dann leicht gerundet. Mit Infrarotlicht behandeln (→ Seite 72). Wird das Ei nicht innerhalb von zwei Stunden gelegt, den Vogel sofort zum Tierarzt bringen.

Häufiges Niesen

Mögliche Ursache: Der Vogel niest, um seine Nasenwege zu reinigen. Niesen kann durch Temperaturschwankungen und durch zu trockene Luft ausgelöst werden.

<u>Was Sie tun können:</u> Für Luftfeuchtigkeit und gleichmäßige Wärme sorgen. Fließt Nasensekret aus, ein paar

1 Wenn es draußen kalt ist und der Vogel zum Tierarzt transportiert werden muß, schützt eine Wärmflasche vor Kälte.

5 Auf blutende Wunden ein mit Eisenchlorid-Pulver bestreutes Papiertaschentuch pressen.

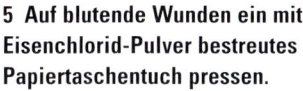

Nasentropfen einträufeln.

Medikamente eingeben.

Nasenhaut betupfen.

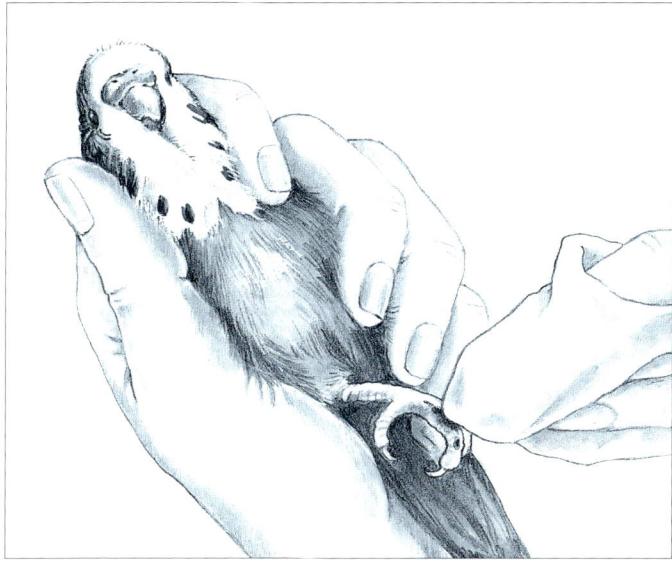

Tropfen Nasivin (Apotheke) auf die Nasenlöcher träufeln, mit Infrarotlicht behandeln (→ Zeichnung 2).

Achtung: Tritt keine Besserung ein und kommen schwere oder piepsendeAtemgeräusche hinzu, umgehend den Tierarzt konsultieren.

Parasiten

Anzeichen: Der Vogel nestelt unruhig am Gefieder, er kratzt sich ständig.

Mögliche Ursache: Parasiten. Die Rote Vogelmilbe befällt den Vogel vor allem nachts, um Blut zu saugen. Räudemilben schädigen Schnabel, Augenlider und Füße. Der Befall zeigt sich durch weißliche oder hellgraue Auflagerungen.

Federlinge ernähren sich von Hautschuppen und Gefiederteilchen.

Behandlung: Der Tierarzt muß feststellen, um welche Art von Parasiten es sich handelt und Ihnen ein Mittel zu deren gezielter Vernichtung verschreiben. Er wird Ihnen Anwendungsweise und notwendige Desinfektionsmaßnahmen erklären.

Zu lange Krallen, zu langer Oberschnabel

<u>Anzeichen:</u> Der Vogel bleibt mit den Krallen z. B. in der Gardine hängen. Er wird durch den zu langen Oberschnabel am Essen gehindert.

<u>Mögliche Ursache:</u> Stoffwechselveränderungen, oft altersbedingt.

<u>Behandlung:</u> Das nötige Kürzen von Krallen und Oberschnabel unbedingt vom Tierarzt vornehmen lassen, da beim Krallenschneiden die Blutgefäße verletzt werden können.

Veränderung am Ringfuß

<u>Anzeichen:</u> Der Ringfuß ist geschwollen.

<u>Mögliche Ursache:</u> Der Vogel ist mit dem Fußring hängen geblieben und hat daran gezerrt, um sich zu befreien. Der Ring kann bei starker Schwellung die Blutzirkulation unterbrechen.

<u>Behandlung:</u> Nur durch den Tierarzt.

Hinweis: Es ist verboten, den Ring vorsorglich zu entfernen. Hat der Tierarzt dies aus dringendem Grund getan, muß er das schriftlich bestätigen und Sie haben die Pflicht, das Dokument aufzubewahren (→ Zucht, Seite 28).

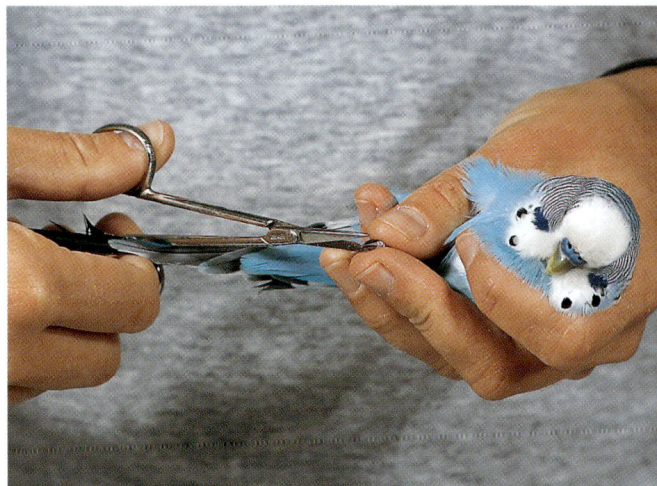

Das Krallenschneiden sollten Sie unbedingt von einem Tierarzt vornehmen oder es sich von ihm zeigen lassen.

Der Tierarzt kürzt die Krallen so, daß die Blutgefäße, die die Krallen durchziehen, nicht verletzt werden.

TIP

Ob Ihr Wellensittich krank ist, können Sie am besten erkennen, wenn Sie seine Gewohnheiten genau kennen. Mag er sein Lieblingsfutter nicht mehr, kommt er nicht auf Ihre Hand, wenn Sie sie ihm hinstrecken, oder begrüßt er Sie nicht mehr mit dem gewohnten Gezwitscher, können dies Krankheitsanzeichen sein.

itaminpräparate, die dem rinkwasser zugesetzt werden, tärken die Abwehrkräfte es Vogels (→ Seite 65).

Gehirnerschütterung

Anzeichen: Der Vogel wirkt benommen, taumelt, zittert oder fällt bewußtlos vom Ast, Krämpfe und Lähmungserscheinungen, tränende Augen oder mit schleimigem Sekret verkrustete Augenlider, unnatürliche Kopfhaltung: Der Kopf ist starr nach hinten oder zur Seite gebogen.

Mögliche Ursache: Aufprall beim Fliegen.

Was Sie tun können: Den Vogel auf die rechte Körperseite in eine mit weichem Papier ausgepolsterte Schachtel legen. Den Deckel der Schachtel mit vielen Luftlöchern versehen und schließen. Der Vogel muß im Dunkeln liegen. Erwacht er nicht in wenigen Minuten, den Vogel zum Tierarzt bringen.

Ornithose

Früher nannte man sie Papageienkrankheit oder Psittakose, weil sie zuerst durch Papageien bekannt wurde. Heute weiß man, daß sich auch Singvögel, Tauben und Hausgeflügel mit dieser Krankheit infizieren können. Da sie auf den Menschen übertragbar ist und in vergangenen Jahrzehnten für Mensch und Tier oft tödlich verlief, wurden strenge Maßnahmen zu ihrer Bekämpfung eingeführt (→ Fußring, Seite 29).

Anzeichen: Apathie, Schläfrigkeit, Appetitlosigkeit, wäßriger Kot, Schnupfen, Atemnot, Bindehautentzündung mit schleimigen Absonderungen an den unteren Augenlidern, anfallartiges Zittern.

Was Sie tun können: Bei den beschriebenen Symptomen den Vogel umgehend isolieren und innerhalb von 10 Stunden zum Tierarzt bringen. Nur dann bestehen Chancen auf Heilung.

Wichtig: Bei Ansteckung des Menschen zeigen sich grippeartige Erscheinungen oder eine leichte Lungenentzündung. Den Arzt dann unbedingt auf die Vogelhaltung aufmerksam machen.

Wenn Ihre Vögel Eltern werden

Damit ein Vogelpaar brütet, muß man ihm einen geeigneten Nistkasten anbieten. Dann heißt es abwarten. Wenn das Pärchen Hochzeit hält und das Weibchen Eier legt, können Sie schon knapp drei Wochen später mit Vogelnachwuchs rechnen.

Der Nistkasten

Der Zoofachhandel hält Wellensittich-Nistkästen in den geeigneten Maßen bereit (→ Foto, Seite 49).

Ideal ist ein Nistkasten im Querformat, 25 cm lang, 15 cm tief und 15 cm hoch.

Das Einschlupfloch sollte an der Seite sein, die der Nistmulde gegenüber liegt, damit das Weibchen beim Hineinschlüpfen in den Kasten nicht auf das Gelege hüpfen muß. Durch das Schlupfloch wird das Weibchen während der Brutzeit vom Männchen gefüttert. Deshalb muß unter dem Schlupfloch außen eine Sitzstange befestigt sein. Die Nistmulde soll einen Durchmesser von 8 bis 10 cm haben und etwa 2 cm tief sein.

Das Nistmaterial

Im Freileben kennen Wellensittiche kein Nistmaterial. Beim Bearbeiten der Baum-

oder Asthöhle durch das Weibchen fällt allenfalls etwas Mulm an, auf dem die Eier später liegen. Erst nach dem Schlüpfen der Jungen sollte aus hygienischen Gründen auf den Boden des Nistkastens etwa 3 cm hoch Hamster- oder Katzenstreu aus Holzspänen gestreut werden. Verwenden Sie keine Sägespäne, da diese von chemisch behandeltem Holz stammen.

Anbringen des Nistkastens

In einem geräumigen Käfig kann der Nistkasten innen angebracht werden. Bei kleinen Käfigen ein Loch ins Gitter schneiden, das so groß ist wie das Einschlupfloch des Nistkastens. Dann das Nistkästchen von außen so befestigen, daß die Vögel das Einschlupfloch vom Käfig aus erreichen können. Den Nistkasten in jedem Fall so installieren, daß man den Deckel aufklappen und im Inneren des Kastens hantieren kann. Läßt sich das im Käfig nicht realisieren, kann der Nistkasten auch neben dem Käfig an der Wand angebracht werden. Allerdings muß dann die Käfigtür Tag und Nacht offen bleiben.

Vogelhochzeit. Liebevoll legt
das Männchen einen Flügel um
sein Weibchen, wovon es ent-
zückt zu sein scheint.

Balz und Hochzeit

Zunächst beäugen die Wellensittiche den Nistkasten wahrscheinlich nur von fern. Doch in den folgenden Tagen interessiert das Weibchen sich mehr und mehr für ihn, bis es sogar einen Blick ins Innere des Nistkastens wagt. Kurz darauf schlüpft es hinein, beginnt ein wenig an den Wänden zu nagen und hält sich dann immer länger darin auf.

Auch das Männchen wirft mehrmals einen Blick ins Innere des Kastens, doch es betritt ihn nicht. Zunächst ist der Nistkasten ausschließlich der Bereich des Weibchens.

Außerhalb des Nistkastens können Sie nun das Balzspiel des Pärchens beobachten. War das Männchen bisher seinem Weibchen gegenüber eher zurückhaltend, so wird es jetzt zusehends kecker.

Als Vorspiel geschlechtlicher Erregung wird es bei jeder Gelegenheit versuchen, dem Weibchen auf den Schwanz zu treten, wogegen dieses sich zeternd wehrt. Um zu imponieren, benützt das Männchen auch Gegenstände. So reißt es ungestüm am Glöckchen und läßt es sich um den Kopf wirbeln. Es fliegt zügig

durch den Raum und landet dicht bei seinem Weibchen. Doch dieses scheint von dem Spektakel unberührt. Mit trippelnden Schritten und eifrigem Kopfnicken nähert sich das Männchen erneut seinem Weibchen und stupst ihm wiederholt mit dem Schnabel gegen die Schulter. Dabei werden seine Pupillen vor Erregung zu kleinen schwarzen Pünktchen.

Bereit zur Hochzeit zeigt sich das Weibchen erst nach Tagen. In fast waagerechter Haltung sitzt es auf einem Ast, legt das Köpfchen weit zurück, hebt den Schwanz in die Höhe und verharrt in dieser Position

Über den Brutfleck am Bauch spürt die Mutter, wann das Kleine schlüpft.

TIP

Spätestens wenn das erste befruchtete Ei im Kasten liegt, müssen Sie sich um eine Zuchtgenehmigung bemühen (→ Seite 28). Bei Abgabe eines Jungvogels Name und Adresse des Erwerbers, sowie die Ringnummer des Vogels im amtlich vorgeschriebenen Nachweisbuch notieren.

auf dem Rücken liegend wird das Junge von der Mutter gefüttert, bis es sitzen kann.

reglos. Das Männchen versteht das Signal sofort und steigt auf den Rücken des Weibchens, um es zu begatten (→ Seite 15). Der Begattungsakt wird bei Vögeln auch Treten genannt.

Ist die Paarung vorüber, schütteln beide Vögel ihr Gefieder. Das Weibchen fliegt davon, das Männchen beginnt sich zu putzen.

Das Liebesspiel wird später mehrmals wiederholt.

Die ersten Eier

Zum ersten Ei kommen im Abstand von jeweils zwei Tagen weitere dazu, bis das Gelege aus 4 bis 6 Eiern besteht.

Das Legen eines Eies ist für das Weibchen ungeheuer anstrengend.

Man kann das beobachten, wenn ein Ei außerhalb des Nistkastens gelegt wird. Das Weibchen krallt sich danach mit breitgestellten Füßen fest an seinen Sitzast, macht sich ganz schlank, beißt in die Luft, stellt beide Flügel seitlich ab und versucht zitternd, sein Gleichgewicht zu halten.

Schon vom ersten Ei an brütet das Weibchen. Es sitzt dann fast ununterbrochen auf dem Gelege und verläßt den Nistkasten nur noch, um Kot abzusetzen.

Ernährt wird es von nun an weitgehend durch die Futtergaben des Männchens.

Auf Störungen um seinen Nistkasten kann das Weibchen mit Brutabbruch reagieren. Deshalb nur in den Kasten schauen, wenn das Weibchen gerade nicht drin sitzt. Widerstehen Sie der Versuchung, die Eier zu berühren, auch wenn sie verschmutzt sein sollten. Die weißen, etwa 2,7 Gramm schweren Eier sind von einer wachsähnlichen Schicht umgeben, die den Embryo vor Infektionen schützt und deshalb erhalten bleiben soll.

Sind die Eier befruchtet?

Ab dem sechsten Bruttag läßt sich feststellen, ob die Eier befruchtet sind (→ Zeichnung 2, Seite 89). Am besten dabei dünne Handschuhe anziehen und dann die Eier gegen eine hell strahlende Taschenlampe halten. Befruchtete Eier zeigen deutlich den dunklen Brutkern und sind von feinen hellroten Äderchen durchzogen. Unbefruchtete Eier sind klar, durchsichtig. Der Züchter nennt sie deshalb Klareier. Lassen Sie aber alle Eier in der Nistmulde, um das Weibchen nicht zu irritieren. Unbefruchtete Eier später entfernen.

Die Brut

18 Tage lang dauert es, bis der Embryo im Ei zu einem lebensfähigen Küken wird. Wie die Eier im Abstand von zwei Tagen gelegt wurden, so schlüpfen die Küken im zweitägigen Rhythmus. Das Weibchen hat demnach Nestlinge in unterschiedlichem Alter zu versorgen. Solange die Vogelmutter noch unbefiederte Küken im Nest hat, hudert sie diese fast Tag und Nacht. Unter »hudern« versteht man das Bedecken der Nestlinge mit dem Gefieder.

Brut und Nestlingszeit verlau-

Nimmt die Mutter ihr Kind nicht an oder füttert sie zu wenig, kann man versuchen, es per Hand aufzuziehen.

fen bei Heimvögeln im Wesentlichen ebenso wie es für freilebende Wellensittiche beschrieben wurde (→ Seite 15). Einziger Unterschied: bei den Heimvögeln darf sich das Männchen oft schon während der Brut im Nistkasten aufhalten.

Wie Sie den Bruterfolg unterstützen können

■ Sorgen Sie für Ruhe, gleichmäßige Wärme und ausreichend Luftfeuchtigkeit. Die Temperatur im Nest sollte 37 °C betragen, die Raumtemperatur zwischen 16 und 18 °C), eventuell Luftbefeuchter aufstellen.
■ Ernähren Sie die Vogeleltern vielseitig, vor allem mit gekeimten Samen (→ Seite

63) und mit speziellem Aufzuchtfutter aus dem Zoofachhandel.

■ Kontrollieren Sie täglich das Gelege und später die Nestlinge.

Nestkontrolle

Wählen Sie für die Nestkontrolle einen Zeitpunkt, zu dem das Weibchen sich nicht im Kasten befindet.

Eines der Küken könnte tot sein, würde rasch verwesen und die Gesundheit seiner Geschwister gefährden. Es muß sofort entfernt werden, ebenso wie die leeren Eischalen, die das Weibchen in eine Ecke des Kastens getragen hat. Trippelnde Küken könnten sich daran verletzen.

Entfernen Sie auch verschmutzte Einstreu und geben Sie frische dazu.

Tasten Sie vorsichtig die Kröpfe der Küken ab (→ Zeichnung 3, Seite 89). Sind diese meist leer und entwickeln sich die Küken nicht sichtlich, könnten die Eltern zu wenig oder zu nachlässig füttern. In diesem Fall müßten Sie dazu füttern.

So wird's gemacht:

■ Im Zoofachhandel Futterspritze und Aufzuchtfutter besorgen. Bis zum 14. Lebenstag die Küken mit der Spritze füttern, danach mit einem kleinen Löffel.

Etwa 4 Wochen alt sind diese Jungvögel. Daß sie sich prächtig entwickeln, sieht man ihnen an.

■ Küken mit leerem Kropf auf weiches Papier setzen und so viel vom Aufzuchtfutter mit der Spritze auf die Zunge träufeln, bis sich der Kropf gefüllt, aber nicht prall voll anfühlt. Die Küken danach mit feuchtem Papier säubern und in den Kasten zurück setzen.

■ Füttern die Vogeleltern zu wenig, muß je nach Bedarf mehrmals täglich dazu gefüttert werden.

Fußring anlegen

Die nötigen Fußringe sollten schon zu Beginn der Brut bestellt werden (→ Adresse, Seite 29). Die Küken im Alter von etwa sieben Tagen dann mit dem Fußring versehen (→ Zeichnung 1).

So wird's gemacht:

■ Das Küken sacht in die Hand nehmen und ein Füßchen mit Daumen und Zeigefinger leicht abspreizen.

■ Den Ring über die drei längsten Zehen streifen und dicht am Fuß so weit nach oben führen, bis er die letzte Zehe freigibt.

■ Den Ring loslassen. Alle Zehen sind nun unterhalb des Ringes.

■ Bemerken Sie, daß sich die Vogeleltern am Ring des Kükens stören und versuchen

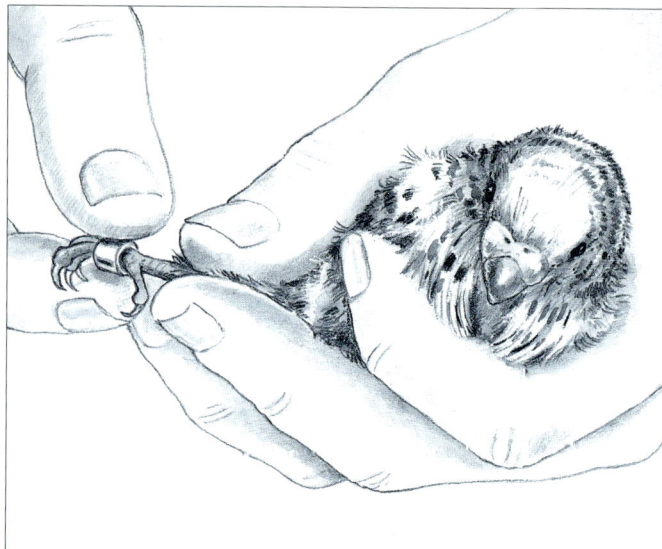

ihn abzureißen, muß der Ring sofort wieder entfernt werden, denn dabei könnten die Eltern das Kleine verletzen. In diesem Fall den ausgeflogenen Jungvogel später mit einem offenen Fußring versehen.

Landehilfen für die Nestlinge

Im Alter von ungefähr vier Wochen verlassen die Nestlinge nach und nach den Nistkasten. Zuvor halten sie oft Ausguck am Einschlupfloch und flattern im Kasten häufig mit dem Flügel, um die Flugmuskeln zu trainieren.

Wenn die Nestlinge ins Freie

1 Beim Fußring anlegen das Füßchen des Kükens zwischen Daumen und Zeigefinger fixieren. Den Ring über die drei längsten Zehen ziehen und soweit nach oben ziehen, bis er die letzte Zehe freigibt.

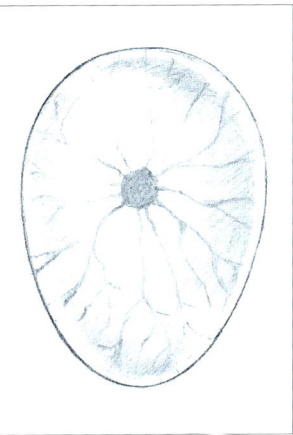

2 Ob das Ei befruchtet ist, kann man sehen, wenn man es gegen den Strahl einer Taschenlampe hält.

3 Durch das Abtasten des Kropfes läßt sich feststellen, ob das Küken genug Futter im Kropf hat.

drängen, müssen sie Gelegenheit zum Fliegen haben. Ist der Nistkasten im Käfig, die Käfigtür stets offen halten. Die ersten Flugstrecken werden mehr flatternd als fliegend zurückgelegt. Landen ist für die jungen Vögel schwierig. Sie brauchen Landehilfen im Raum. Dazu einige Hanfseile spannen, Zweige in Blumenerde stecken und vor Wänden und Möbeln Schilfmatten zum Klettern befestigen.

Die Entwicklung der Küken

Sie verläuft genauso wie bei ihren Stammeltern in Australien (→ Seite 16). Allerdings sind unsere Heimvögel und deren Küken etwas schwerer als die australischen Sittiche.

1. bis 5. Tag: Das Küken wiegt nach dem Schlüpfen 2 bis 2,7 Gramm, die Augen sind noch geschlossen. Es wird Tag und Nacht auf dem Rücken liegend gefüttert.

6. bis 8. Tag: Das Küken wiegt 12 bis 14 Gramm. Der Eizahn fällt ab.

7. Tag: Die Handschwingen beginnen zu wachsen.

8. Tag: Das Küken kann den Kopf aufrecht halten und etwas trippeln. Es wird nachts nur noch selten gefüttert.

9. Tag: Die Schwanzfedern beginnen zu wachsen. Die Augen öffnen sich. Es wird nun meist auf dem Bürzel sitzend gefüttert.

12. Tag: Das Küken hat alle Daunenfedern und wiegt ungefähr 23 Gramm.

17. Tag: Alle Federn wachsen, stecken aber noch in der Hülse. Das Küken wiegt 34 Gramm.

21. Tag: Alle Federn entfalten sich und zeigen Farbe. Das Küken läuft im Kasten umher und bettelt um Futter.

28. Tag: Die Schwungfedern haben fast ihre endgültige Länge erreicht, nur die Schwanzfedern sind noch kürzer als die der Eltern.

28. bis 31. Tag: Die Nestlinge können Klettern, flattern mit den Flügeln und drängen aus dem Nistkasten. Sie wiegen jetzt etwa 37 Gramm.

38. Tag: Das Gefieder ist voll ausgebildet, aber matter in den Farben als das der Eltern.

3. bis 4. Monat: Jugendmauser. Danach gleicht das Gefieder dem der erwachsenen Wellensittiche. Die Jungen sind geschlechtsreif.

6. bis 8. Monat: Die Jungen sind paarungsbereit und gehen eine feste Bindung ein.

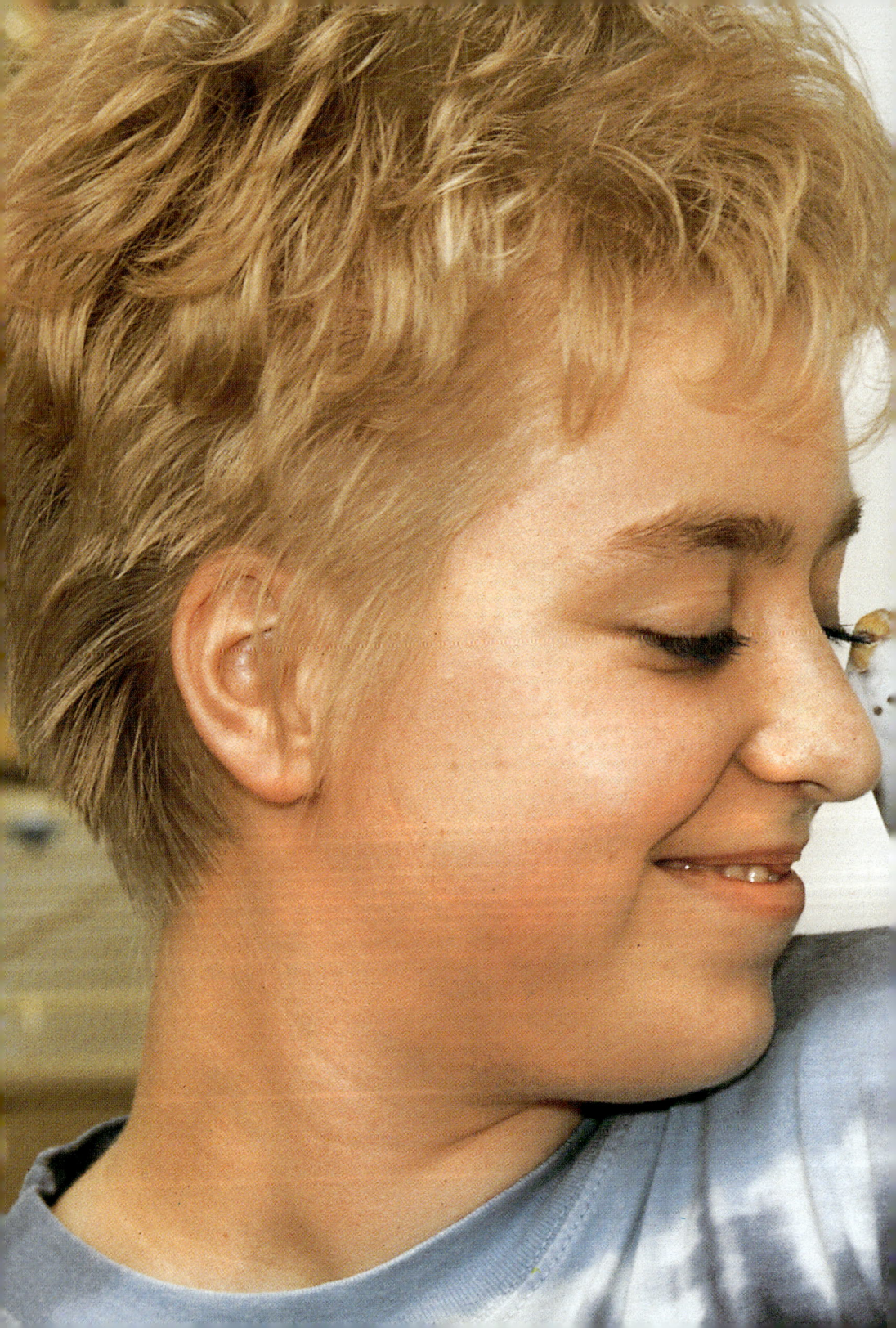

Verstehen lernen und beschäftigen

Wer viel über Wellensittiche weiß und seinen
Vogel zudem genau beobachtet, lernt schnell,
ihn richtig zu verstehen. Der beste Weg zu einer
langen Freundschaft.

Freundliche Kontaktaufnahme.
Der zahme Wellensittich
beknabbert die Wimpern
»seines« Menschen.

Was ein Wellensittich alles kann

Der Wellensittich besitzt eine geradezu akrobatische Körpergewandtheit, verfügt über eine ausgeprägte Körpersprache und kann sich ausgezeichnet mit seiner Stimme verständigen. Mit seiner Stimme und den meist angeborenen Verhaltensweisen versucht der Wellensittich auch als Heimvogel mit dem Menschen zu kommunizieren.

Körperliche Gewandtheit

■ Wellensittiche fliegen schnell, ausdauernd und koordinieren perfekt jeden Schwenk, jede Richtungsänderung im Flugschwarm.

■ Sie sind wahre Kletterkünstler. Beim Klettern dient der Schnabel als Haken oder Stütze, mit dem sie im Gezweig Halt finden.

■ Am Boden bewegen sich Wellensittiche in kleinen Trippelschritten vorwärts, auf Ästen trippeln sie seitwärts.

■ Aus Bewegungsmangel klammern sich Heimvögel mit beiden Füßen an einen Ast und schlagen dabei mit den Flügeln. Dieses Verhalten nennt man »Propellern«.

■ Akrobatische Leistungen zeigt der Wellensittich bei der Gefiederpflege. Alle Körperpartien erreicht er mit dem Schnabel durch intensives Vor- und Rückbeugen. Den Kopf kann er um 180 Grad drehen. Die Kopfregion wird mit dem Fuß bearbeitet, wobei er den Fuß unter einem Flügel hindurch zum Kopf führt. Fehlt der Vogelpartner, der bei der sozialen Gefiederpflege das Kopfgefieder des Partners beknabbert (→ Seite 66), reibt der Vogel sein Köpfchen an einem Ast oder am Käfiggitter. Nach jeder Mahlzeit säubert der Vogel seinen Schnabel am Sitzast, um ihn von Nahrungsresten zu befreien. Die Afterpartie pflegt er mit dem Schnabel und zusätzlich mit dem Fuß, wobei der Fuß seitlich am Körper entlang geführt wird. Mit der Außenkante des Fußes kratzt sich der Vogel an der empfindlichen Kloakengegend.

Nach der Gefiederpflege schüttelt er das Federkleid, um Schuppen und Staubpartikel dabei loszuwerden.

Die Körpersprache

Alle Bewegungsabläufe dienen nicht nur der Körperpflege, der Fortbewegung und dem Stoffwechsel, sondern auch der Verständigung mit dem Partner und den Mitgliedern der Schar.

Durch die Signalwirkung ein-
elner Gefiederpartien bleibt
die Formation auch bei abrupten
Richtungswechseln erhalten.

<u>Die Schlafhaltung:</u> Im Schlaf ruht der Vogel meist auf nur einem Fuß. Der freie Fuß wird ins Bauchgefieder eingezogen, der Schnabel im leicht geplusterten Rückengefieder vergraben. Manche Wellensittiche ruhen beim Schlafen auch auf beiden Füßen. Das kann eine Eigenart sein oder auf eine beginnende Erkrankung hin deuten.

<u>Die Ruhestellung:</u> Sitzt der Vogel tagsüber in Schlafhaltung, hat die Augen aber nur halb geschlossen, so will er nicht gestört werden. Er knirscht dabei oft leise mit dem Schnabel oder zwitschert in zarten Tönen vor sich hin, bis er einschläft. Beide Lautäußerungen besagen, daß der Vogel völlig entspannt ist.

<u>Beine und Flügel nach hinten strecken:</u> Beendet der Vogel eine Ruhephase, streckt er erst das eine, dann das andere Bein zusammen mit dem gleichseitigen Flügel nach hinten. Beim Zurückziehen des Fußes ballt er meistens kurz die Zehen zur Faust, ehe der Fuß wieder aufgesetzt wird.

<u>Abstellen der Flügel:</u> Wenn es dem Vogel zu warm ist, stellt er seine geschlossenen Flügel seitlich nach außen, um Körperwärme abzugeben. Er stellt sie aber auch ab, wenn er einem Weibchen oder Rivalen imponieren will. Wird er dabei allerdings ganz schlank, indem er das Gefieder eng an den Körper legt, hat er große Angst. Sitzt er in dieser Haltung zudem breitbeinig auf dem Ast und zittert, hat er Schmerzen oder kann sich vor Schwäche kaum mehr auf dem Ast halten (das ist nach der Eiablage eines Weibchens außerhalb des Nistkastens zu beobachten).

<u>Eng angelegtes Gefieder:</u> Hält ein Wellensittich plötzlich mit eng angelegtem Gefieder in einer Tätigkeit inne, erstarrt nahezu hoch aufgerichtet, hat er Angst.

<u>Geplustertes Gefieder:</u> Dem Wellensittich ist es zu kühl. Luft, die unter das Gefieder dringt, wärmt. Beim Schlafen plustern Vögel oft das Gefieder. Plustert ein Wellensittich aber auch wach ständig sein Gefieder, könnte das auf eine Erkrankung hindeuten.

<u>Gefiederschütteln:</u> Nicht nur nach Beendigung der Körperpflege schüttelt der Wellensittich sein Gefieder, sondern auch wenn er angenehme Empfindungen hat, z. B. nach langem Alleinsein beim Auftauchen seiner Bezugsperson.

TIP

Am besten lernt man die typischen Verhaltensweisen eines Wellensittichs kennen, wenn man mehrere Vögel im Umgang miteinander beobachtet. Es gibt jedoch ausgeprägte Unterschiede sowohl im Aussehen, als auch im Temperament jedes einzelnen Vogels.

Was der Wellensittich »sagen« möchte

Angst-Angriff-Laut:	Der Laut klingt wie ein kurzes Gackern und ist zu hören, wenn sich ein Wellensittich durch einen Artgenossen bedrängt oder bedroht fühlt.	Der Laut signalisiert: »Gib den Weg frei«. Auch unbekannte Gegenstände, die den Vogel verunsichern, werden mit diesem Gackern bedroht.
Bettellaut:	Zu hören ist ein leises, gluckerndes Wimmern. Die Vögel nehmen dabei eine leicht geduckte Haltung ein und lassen die Flügel - oft zitternd - hän-	gen. Junge Wellensittiche und Weibchen, die gefüttert werden wollen, geben diesen typischen Bettellaut von sich.
Fütterungslaut:	Ein Männchen, das sein Weibchen füttern möchte, gibt leise hohe Piepstöne von sich. Es umtrippelt sein	Weibchen dabei kopfnickend mit verengten Pupillen und leicht geplustertem Gefieder.
Verlangenslaut:	Er ist kurz, nicht durchdringend, aber gut vernehmbar und teilt dem Vogel-	partner eine Erwartung mit, meistens: »Komm zu mir«.
Warn- oder Alarmruf:	Ein heller, kurzer, sehr schriller Ruf ertönt bei Gefahr. Ein Vogel erblickt den Feind, stößt den lauten Ruf aus und fliegt gleichzeitig pfeilschnell ab. Alle Vögel der Schar reagieren gleichermaßen. Als Heimvogel stößt ein Wellensittich diesen Ruf aus, wenn er beispielsweise durch das Fenster	einen Greifvogel vorüberfliegen sieht oder durch unbekannte Objekte erschreckt wird. Aber auch wenn überhaupt nichts Furchterregendes zu sehen ist, kann ein Wellensittich den Warnruf ausstoßen und blitzschnell abfliegen.
Gezeter:	Auf das lautstarke und oft anhaltende Gezeter, das manche Wellensittiche als Heimvögel hören lassen, gibt es in Berichten über freilebende Wellensit-	tiche keinerlei Hinweise. Meiner Meinung nach bauen Heimvögel mit diesem Gezeter nur überschüssige Energie ab.

Hinweis: Zwölf Jahre lang habe ich mit meinen Wellensittichen gelebt und konnte so mit der Zeit ihre Lautäußerungen bestimmten Situationen zuordnen. Doch fand ich in keinem Buch eine Bestätigung meiner Erfahrungen. So kann ich nur berichten, was die unterschiedlichen Rufe und Lautäußerungen meiner Meinung nach bedeuten.

Pflege der Schwanzfedern: Sie werden sorgfältig bearbeitet. Sitzt der Vogel aber im Käfig oder auf dem Freisitz, schenkt er den Schwanzfedern keine besondere Beachtung. Berührt jedoch ein Lebewesen die Schwanzfedern, zuckt der Vogel zusammen und dreht sich weg. In Balzstimmung versucht das Männchen aber so oft wie möglich, seinem Weibchen auf den Schwanz zu treten, wenn sich beide Vögel auf dem Boden befinden. Das Weibchen reagiert mit einen »gackernden« Schrei und flieht.

Niesen: Jeder Wellensittich niest von Zeit zu Zeit, ohne daß man sofort eine Erkältung befürchten müßte. Niesen reinigt die Atemwege. Fließt jedoch Nasensekret aus, könnte der Vogel erkältet sein.

Gähnen: Alle Wellensittich gähnen. Sie reißen dabei den Schnabel weit auf und schließen ihn sofort wieder. Der Vogel gähnt, wenn er müde ist und der Sauerstoffgehalt im Raum zu gering ist. Frischluftzufuhr schafft rasch Abhilfe.

Verlegenheit: Ein Wellensittich kann schon bei geringfügigen Anlässen in Verlegenheit geraten, etwa wenn eine Spielkugel zu rasch auf ihn

Sind Wellensittiche klug?

Mausi ist ein grünes Wellensittich-Weibchen. Sie spielt für ihr Leben gern mit einem Gitterbällchen. Das Bällchen im Schnabel, fliegt sie auf den Schrank. Von dort läßt sie das Bällchen fallen, und ich muß es fangen und ihr zurückgeben. Schon bald erfand Mausi ein noch viel besseres Spiel. Sie beobachtete mich genau, bevor sie den Ball abwarf. Als ich schon die Hände zum Fangen aufhielt, schleuderte sie das Gitterbällchen blitzschnell an meinen Händen vorbei auf den Boden. Die kleine Schlaue gab daraufhin Töne von sich, die sich ganz nach schadenfrohem Lachen anhörten. Schließlich mußte ich mich ja jetzt tief bücken, um das Bällchen aufzuheben.

Das Experiment: Wissenschaftler haben versucht herauszufinden, wie klug Vögel sind. Dafür überlegten sie sich ein Experiment, bei dem die Vögel zählen mußten. Die Forscher nahmen verschiedene Futternäpfe, füllten sie mit Futter und verschlossen alle Näpfe mit einem Deckel. Auf die Deckel wurden Punkte gemalt. Dann zeigte man den Vögeln Täfelchen, auf denen ebenfalls Punkte zu sehen waren. Hielt man den Vögeln nun zum Beispiel das Täfelchen mit der Punktzahl vier vor die Augen, sollten die Vögel das Näpfchen, auf dem ebenfalls vier Punkte zu sehen waren, mit dem Schnabel öffnen. Wellensittiche, Dohlen und Kolkraben lernten dabei immerhin, bis sechs zu zählen.

Nach einer Ruhephase streckt der Vogel zunächst ein Bein und später das andere sowie den gleichseitigen Flügel nach hinten, um sich zu lockern.

zurollt. Er möchte weiterspielen, ist aber ängstlich, wenn die Kugel näher rollt. Der Konflikt wird durch eine sogenannte Übersprungshandlung gelöst. Der Vogel hört auf zu spielen, rennt aus dem Bereich der Kugel weg und beginnt sich zu putzen, zu kratzen oder zu essen.

Protest: Nur bei einer Gelegenheit, dafür aber häufig, konnte ich das ausdrucksstarke Protestverhalten von Wellensittichen beobachten. Meine Wellensittiche lebten stän-

dig frei im Zimmer und konnten zwischen Käfig, Freisitz und anderen Aufenthaltsplätzen wählen. Sperrte ich sie aber ein, während ich einen oder zwei Gastvögel im Zimmer fliegen ließ, setzte der Protest sofort ein. Zunächst rannten sie auf dem Käfigboden dicht am Gitter hin und her. Dann begannen sie zu klettern und mit sagenhaften Verrenkungen zu zeigen, wie unzufrieden sie waren. Sie hingen am Gitter, führten das Köpfchen zwischen beiden Füßen

97

hindurch nach unten und überschlugen sich in einem vollkommenen Salto.

Die fünf Sinne

Sehen: Wellensittiche sehen die Welt so farbig wie wir Menschen auch. Durch die seitlich angeordneten Augen haben Wellensittiche zudem einen enorm breiten Gesichtskreis. Ihre Augen nehmen unabhängig voneinander beiderseits Bilder wahr, so daß sie sehen können, was vor ihnen, seitlich und fast auch hinter ihnen geschieht. Außerdem können Wellensittiche in der Sekunde 150 Bilder aufnehmen, während der Mensch nur 16 Bilder pro Sekunde bewältigt. Für rasch fliegende Vögel ist es lebenswichtig, augenblicklich jedes Detail ihrer Umgebung sehen zu können.

Hören: Gut zu hören ist für Vögel ebenfalls lebenswichtig. Rufe und Gesänge haben wesentlichen Anteil an der gegenseitigen Verständigung. Der Wellensittich hört z. B. in Frequenzbereichen von 400 bis etwa 20.000 Hertz. Bestimmte Tonfolgen kann der Wellensittich im Gedächtnis speichern und wiedergeben – eine Begabung, die wahrscheinlich beim Nachspre-

chen von Wörtern aus unserer Sprache eine Rolle spielt und in freier Natur wichtig für das Verständigen untereinander ist.

Tasten: Wellensittiche haben einen gut entwickelten Tastsinn, erspürt doch ein brütendes Weibchen über den Brutfleck am Bauch die Bewegungen des Kükens im Ei. Die besondere Sinnesleistung der Wellensittiche ist jedoch ihr ausgeprägter Vibrationssinn, der durch Sinneszellen in den Beinen übertragen wird. So spüren sie etwa bei der Nahrungssuche, daß sich ein Feind z. B. eine Schlange nähert. Als Heimvogel muß sich ein Wellensittich an Vibrationen gewöhnen, bei denen er normalerweise flüchten würde, etwa an einen vorbeidonnernden Lastwagen. Das kann vor allem nachts zur Panik führen. Allmählich lernt er jedoch, sich daran zu gewöhnen. Doch sollte man den Vogel nicht unnötig erschrecken, indem der Käfig auf vibrierenden Geräten wie beispielsweise

ur aufgrund ihrer körperli-
hen Beweglichkeit können
ich die Vögel in dieser Positi-
n gegenseitig füttern.

dem Kühlschrank abgestellt wird.

Schmecken: Sicherlich lassen sich die Geschmacksnerven eines Vogels nicht mit denen der Menschen vergleichen, doch Wellensittiche empfinden offenbar tatsächlich geschmackliche Unterschiede. Auf einiges sind sie fast süchtig. So lieben sie alles Salzige, mit wahrer Gier picken sie Salzkörner auf. Manche Wellensittiche stürzen sich auf Süßes, andere knabbern leidenschaftlich an einer Brotrinde. Bestimmte Obstsorten werden anderen vorgezogen. Zwar wurde im Kapitel »Ernährung« (→ Seite 58) gesagt, daß ein Wellensittich nichts Salziges und nichts Süßes bekommen sollte. Doch süßes Obst, ein Stückchen trockener Keks, ein vom Teller gefallenes Salzkörnchen kann man ihnen durchaus hin und wieder einmal zukommen lassen.

Riechen: Wie gut Wellensittiche riechen können, ist nicht bekannt. Doch die bekannte Autorin Berta Ragotzi schreibt, daß ihr Wellensittich Putzi am Geruch erkannte, was sie gekocht hatte und bei seinen Lieblingsgerichten vor Aufregung ganz unruhig wurde.

Schritt für Schritt Vertrauen aufbauen

Die ersten Stunden und Tage bei Ihnen sind entscheidend dafür, ob Ihr Vogel Vertrauen aufbaut und entsprechend zahm wird oder aber für immer ängstlich und mißtrauisch bleibt. Wenn möglich, sollten Sie in der ersten Zeit immer in seiner Nähe sein, ihn langsam an sich gewöhnen und sooft wie möglich mit ihm sprechen. Am Tag seiner Ankunft muß alles für den Vogel vorbereitet sein.

Der Heimtransport

Wahrscheinlich wird Ihnen der Wellensittich in einer kleinen Faltschachtel übergeben. Darin ist es dunkel, was ihm hilft, seine Angst zu bewältigen. Bringen Sie ihn auf schnellstem Weg nach Hause. Schützen Sie ihn im Winter vor Kälte, indem Sie die Faltschachtel in einen Karton mit Luftlöchern stellen, im Sommer bei großer Hitze in einen luftigen Korb.

Die ersten Stunden daheim

Öffnen Sie zu Hause die Faltschachtel so vor dem Käfig, daß dem Vogel nur der Weg durch die offene Käfigtür ins Innere des Käfigs bleibt. Vermutlich wird er ohne zu zögern vom Dunklen ins Helle streben. Sollte das wider Erwarten nicht so sein, legen Sie die geöffnete Schachtel einfach auf den Käfigboden und schließen Sie die Käfigtür. Nach einer Weile wird der Vogel bestimmt herauskommen und seine neue Umgebung betrachten.

Wahrscheinlich klettert der Wellensittich auf einen der oberen Sitzäste und verhält sich dort ganz still. Nimmt er etwas Nahrung auf und beginnt sich zu putzen, hat er den ersten Schock, die die Trennung von den Artgenossen, das Gegriffenwerden und der Transport verursachten, fast überwunden.

Machen Sie sich aber keine Sorgen, wenn der Vogel zunächst nichts ißt und trinkt. Er wird das nachholen, sobald er sich nicht mehr fürchtet. Wichtig ist jetzt nur, daß er keinen neuen Schock bekommt.

Nachtruhe sichern

■ Lassen Sie in den ersten Nächten im Zimmer eine kleine abgeschirmte Lampe brennen. Wird der Vogel durch noch unbekannte Geräusche beunruhigt, kann er sich im schwachen Lichtschein orien-

tieren. Im Dunkeln könnte er aus Angst versuchen zu fliehen und würde wild im Käfig flattern. Ein erneuter Schock! Sogar eine Verletzung wäre dabei möglich.

■ Ehe Sie das Zimmer verlassen und später vielleicht auch das Licht löschen, vergewissern Sie sich, ob der Vogel auch auf seinem Schlafplatz sitzt. Müßte er ihn im Dunklen suchen, kann er ebenfalls wild zu flattern beginnen.

■ Lüften Sie das Zimmer für die Nacht, vor allem wenn der Vogel es mit einem Raucher teilen mußte.

■ Wenn Sie den Vogel am ersten Morgen mit frischer Nahrung versorgen, sprechen Sie leise zu ihm und greifen Sie ohne Hast in den Käfig, selbst wenn er panische Angst zeigt. Lassen Sie ihn anschließend allein, damit er sich beruhigen kann.

Mit Speck fängt man Mäuse« besagt ein altes prichwort. Mit einem Leckerbissen wie Kolbenirse kann man das Vertrauen der Wellensittiche ewinnen und sie handzahm machen.

An die Hand gewöhnen

Der Umgang mit dem Wellensittich wird leichter, sobald er handzahm ist, das heißt, keine Angst mehr vor Ihrer Hand hat. Es gibt mehrere Möglichkeiten, den Vogel an die Hand zu gewöhnen:

■ Die Kolbenhirse aus dem Käfig entfernen und ein kleines Stück davon in der Hand reichen. Am besten jeden Morgen, wenn die Pflegearbeiten im Käfig beendet sind. Dabei müssen Sie geduldig sein. Anfangs wird der Vogel vielleicht nur nach der Hirse schauen aber nicht wagen, näher zu kommen. Eines Morgens aber versucht er, mit lang gestrecktem Hals einige Körner zu ergattern. Mit der Zeit wird er auf die Kolbenhirse warten und sich Ihrer Hand nähern, zuerst nur einen Fuß auf die Hirse setzen, später beide und bald Ihre Hand als Sitzplatz akzeptieren.

■ Halten Sie dem Vogel ein viel benutztes Spielzeug mit der Hand hin; das kann der Spiegel sein oder das Glöck-

Der erste Freiflug im Zimmer sollte erst dann stattfinden, wenn der Wellensittich zutraulich ist.

102

Wie soll der Wellensittich heißen?

Verwende bei seinem Namen unbedingt Buchstaben wie »i«, »e«, »ü« oder »ei«. Sprichst du diese Laute aus, klingen sie hell und für den Vogel vertraut, denn auch er hat eine hohe Stimme. Wenn dein Wellensittich ein Sprachtalent ist, fällt es ihm besonders leicht, diese Laute nachzusprechen. »Taufe« ihn zum Beispiel Peterle, Mini, Reini oder Mücki. Sprich deinen Vogel immer mit seinem Namen an. Je häufiger du den Namen nennst, um so schneller wird der Wellensittich wissen, daß er damit gemeint ist.

chen (→ Seite 111). Nach erstem Befremden wird der Vogel sein Spielzeug beschnäbeln. Führen Sie es jetzt behutsam an die Handwurzel oder auf den Unterarm, vielleicht folgt ihm der Vogel. Wenn nicht, so am nächsten oder übernächsten Tag, und die Scheu vor der Hand ist überwunden.

Übung: Hat der Vogel die Scheu vor Ihrer Hand verloren, versuchen Sie zu erreichen, daß er sich auf Ihren Zeigefinger setzt.

Dazu mit dem Handrücken leicht das Brustgefieder des Vogels berühren und später den Zeigefinger unter die Brust des Vogels halten. Durch einen sanften Druck mit dem Finger gegen die Brust des Vogels soll erreicht werden, daß er auf Ihren Finger steigt. Auf diese Weise kann der Vogel später sowohl aus dem Käfig herausgetragen als auch in den Käfig zurückgetragen werden (→ Seite 116).

Der erste Freiflug

Solange der Wellensittich ängstlich vor Ihrer Hand zurückschreckt, sollte er im Käfig bleiben. Zeigt er sich jedoch

zutraulich, auch wenn er der Hand noch ausweicht, wird es Zeit für den ersten Freiflug im Zimmer.

Maßnahmen vorab:

■ Vergewissern Sie sich, ob Türen und Fenster geschlossen und mögliche Gefahrenquellen beseitigt sind (→ Gefahrentabelle, Seite 52/53).

■ Sind Fenster und Glastüren von Stores bedeckt? Wenn nicht, erkennt der Vogel die Glasflächen nicht als Raumbegrenzung, kann im Flug dagegenprallen und sich das Genick brechen. Gewöhnen Sie ihn langsam an die Glasbegrenzung. Dazu Rollos oder Jalousetten bis auf etwa 20 cm herunterlassen und das Licht einschalten. Die unbedeckten Glasflächen dann täglich um einige Zentimeter vergrößern. Der Vogel lernt so, die Glasflächen als Raumbegrenzung zu respektieren und fliegt nicht mehr dagegen. Es dauert nur einige Tage, bis er das begriffen hat und funktioniert wahrscheinlich auch in anderen Räumen.

Während der ersten Freiflüge sollte der Vogel stets beaufsichtigt werden. Kennt er später das Zimmer als seinen Lebensraum gut genug und hat er einen Freisitz (→ Seite 56), darf er auch ohne Aufsicht außerhalb des Käfigs leben.

Sieht der Wellensittich zum ersten Mal das »Loch« in seinem Käfig, das das geöffnete Türchen freigibt, wird er diese Veränderung zunächst verdutzt betrachten. Je nach Temperament stürzt sich der eine ins Freie, der andere verharrt vorsichtig, abwartend. Aber Neugier und Bewegungsdrang überwiegen bald, und der Vogel klettert auf das Käfigdach, um von dort aus durchs Zimmer zu fliegen.

Nach ein paar – wahrscheinlich noch hastigen – Runden muß ihm das Landen gelingen. Zum Landen wird ein möglichst hoch gelegener Platz wie Lampe, Gardinenstange oder der Freisitz bevorzugt. Manche Vögel landen auch mühelos wieder auf dem Käfig, andere sind dagegen so erregt, daß sie sich auf dem Fußboden niederlassen. Wie immer der erste Ausflug endet, lassen Sie den Vogel dort sitzen, wo ihm die Landung gelang. Ist es der Fußboden, so könnten Sie ihm einige Samenkörnchen hinstreuen, die er sicherlich trippelnd aufnehmen wird. Nach einer Weile stellen Sie den Käfig vor ihn auf den Boden, er wird wahrscheinlich er-

Was Wellensittiche mögen und fürchten

Das mag der Wellensittich:	**Das fürchtet der Wellensittich:**
● Einen Artgenossen. ● Immer zur gleichen Zeit versorgt zu werden. ● Mit Leckerbissen wie z. B. Kolbenhirse verwöhnt zu werden. ● Zweige, die er benagen darf (→ Seite 47). ● Viel Bewegung beim Freiflug und in einem geräumigen Käfig. ● Leises, beruhigendes auf ihn Einreden. ● Trautes Beisammensein mit »seinem« Menschen (→ Seite 107). ● Eine unveränderte Käfigeinrichtung. ● Während des Freiflugs und auf dem Freisitz eine unveränderte Umgebung vorzufinden. ● Daß Sie Ihr Aussehen nicht zu sehr verändern, wie z. B. durch auffällige Kleidung oder einen großen Hut. ● Erhöhte Warten, von denen aus er einen guten Überblick hat. ● Beschäftigung, damit keine Langeweile aufkommt.	● Alleinsein, denn Wellensittiche sind sehr gesellig. ● Wenn Sie sich ihm stumm nähern. ● Alles Neue in seiner Umgebung z. B. eine neue Stehlampe oder eine zusätzliche Pflanze im Zimmer. Neuanschaffungen weit vom Wohnbereich des Vogels entfernt aufstellen, damit er sich allmählich daran gewöhnen kann. ● Neue Spielzeuge. Die Gegenstände zuerst außerhalb des Käfigs in seine Sichtweite legen, damit er sich daran gewöhnen kann. ● Ungewohnte Geräusche, vor allem Maschinenlärm, Motoren oder Hundegebell. ● Erschütterungen (→ Seite 98). Den Käfig mit dem Vogel niemals z. B. auf dem Kühlschrank oder einer laufenden Waschmaschine abstellen. ● Mit der Hand gegriffen oder durchs Zimmer gejagt zu werden. ● Andere Heimtiere, die einen ausgeprägten Jagdtrieb haben, z. B. eine Katze.

Viele Wellensittiche lieben Musik. Dieser hier fühlt sich besonders wohl, wenn er den Geigentönen ganz nahe ist.

leichtert in sein vertrautes Heim klettern.

Ist er dagegen auf hoher Warte gelandet, überlassen Sie dem Vogel die Entscheidung, wann er wieder in den Käfig zurückzukehren möchte.

Bleiben Sie gelassen, auch wenn er stundenlang auf seinem Hochsitz verweilt. Lassen Sie ihn zur Not auch während der Nacht auf seinem Platz verweilen. Irgendwann kriegt der Vogel Hunger und strebt zum Futternäpfchen, also in den Käfig zurück.

Schon nach wenigen Tagen hat der Wellensittich seine Angst vor der unbekannten Umgebung überwunden und wird von nun an ungeduldige darauf warten, daß das Käfigtürchen geöffnet wird. Am besten erfolgt das in der ersten Zeit täglich zur gleichen Stunde, bis der Vogel ständig zwischen draußen und drinnen wählen darf.

Spiel und Spaß mit dem Wellensittich

Langeweile macht den intelligenten geselligen Wellensittich auf Dauer krank. Vor allem der einzel gehaltene Vogel braucht intensiven Kontakt zu seinem Menschen al »Ersatzpartner«. Der Vogel is darauf angewiesen, daß mar mit ihm spricht, sich mit ihr beschäftigt und spielt. Abe auch wer zwei und mehr Wel lensittiche hält, kann durcl ausgiebige Beschäftigung m den Vögeln erreichen, daß si zutraulicher werden.

Zum Spielen aufgelegt?

Dennoch muß ein Wellensit tich nicht rund um die Uh beschäftigt werden. Eine wesentlichen Teil seiner Ze nimmt allein die Gefie derpflege in Anspruch Außerdem braucht er zw schen allen Aktivitäten Ruhe pausen. Manchmal schläft de Vogel ein Weilchen, dan wieder sitzt er ruhig mit ir Bauchgefieder eingezogene Fuß und brabbelt oder zwi scher leise vor sich hin. Hebt er jedoch beide Flüg ab, wenn Sie sich ihm nähen

Der Wellensittich weiß genau, daß ihm durch die Hand des Kindes keine Gefahr droht.

schubst er sein Glöckchen an oder schüttelt kurz sein Gefieder und schaut Sie erwartungsvoll an, dann ist Spielzeit angesagt. Die Aktion muß immer vom Partner Mensch ausgehen, der Vogel folgt ihr meist mit Begeisterung.

Spiele, die Spaß machen

Um Bindung und Vertrauen zu fördern, sollten Sie soviel Zeit wie möglich mit dem Vogel verbringen. Nur zu gern läßt sich ein Wellensittich zum Spiel verführen.

Spiel 1: Wenn der Wellensittich zum Beispiel auf dem Tisch landet, halten Sie ihm z. B. eine leere Garnrolle oder eine kleine Papierkugel hin und bewegen sie langsam von ihm fort. Er wird bald hinterher trippeln und versuchen, das Spielzeug mit dem Schnabel anzustubsen. Alles was rollt, ist wundervoll geeignet, an den Rand des Tisches geschoben zu werden, und der Vogel schaut dem Fall zu Boden fasziniert zu. Den Gegenstand wieder aufheben, damit das Manöver erneut beginnen kann.

Spiel 2: Mit einem Gitterbällchen läßt sich ein nettes Ballspiel zu zweit arrangieren. Legen Sie es vor den Wellensittich beispielsweise auf den Tisch. Schnell hat er raus, daß man dieses Bällchen in den Schnabel nehmen und werfen kann. Rollen Sie das Bällchen danach wieder auf der Tischplatte zu ihm zurück. Und wieder darf er werfen.

Spiel 3: Malen Sie mit ihm. Er darf zusehen, wenn Sie ein weißes Blatt Papier mit farbigen Buntstiften bemalen. Das fasziniert ihn so, daß er oft sogar versucht, mit den Farbklecksen zu schnäbeln. Vielleicht gelingt es ihm sogar selbst, ein paar Striche auf das Papier zu bringen, wenn Sie ihm den Stift überlassen. Benutzen Sie nur ungiftige Farben wie z. B. Graphit.

Spiel 4: Schicken Sie den Wellensittich auf Futtersuche. Verstecken Sie einen Leckerbissen, etwa ein Stück Kolbenhirse, in einer Schachtel. Schneiden Sie in den Deckel kleine Schlitze, damit der Vogel einen Ansatzpunkt zum Aufknabbern der Schachtel hat. Er wird eifrig bemüht sein, die »Nuß« zu knacken. Ein Spaß für Sie und den Vogel.

Spiel 5: Fordern Sie den Wellensittich zum Tanz auf. Das hört sich zwar etwas verrückt an, doch lassen Sie sich überraschen, wieviel Vergnügen es

Gitterbällchen werfen. Zu zweit macht das lustige Spiel noch viel mehr Spaß.

ihm und Ihnen bereitet. Suchen Sie im Radio nach Tanzmusik. Singen Sie leise mit und wiegen Sie sich im Rhythmus. Sie werden sehen, nach einigen Beobachtungsminuten wird auch Ihr Wellensittich sanft im Takt der Musik hin- und herschaukeln.

Spiel 6: Lesen Sie gemeinsam mit Ihrem Wellensittich Zeitung. Lassen Sie die Blätter rascheln, um sein Interesse zu wecken. Reißen Sie einen Streifen Papier halb herunter, damit der Vogel mit seinem Schnabel dann »ganze Arbeit« leisten kann.

Spiel 7: Bauen Sie mit ihm Türmchen aus Bierdeckeln. Er darf an den Deckeln knabbern und das »Bauwerk« zerlegen.

Spiel 8: Streuen Sie einige ungekochte Nudeln auf einen Teller. Der Wellensittich wird sie mit dem Schnabel untersuchen und auf dem Teller hin und herschieben. Das macht Geräusche, die ihm gefallen. Er darf unbesorgt an den Nudeln knabbern und sie sogar im Schnabel wegtragen.

Sprechen lernen

Durch das Nachahmen der Stimmlage des Menschen oder Geräusche in dessen Umgebung versucht ein Wellensit-

Abflug vom rollenden Ball. Wenn das kein Kunststück ist?

Papier kann man wunderbar zernagen und es raschelt so schön.

tich, mit dem Menschen Kontakt aufzunehmen.

Manche Vögel lernen auch, bestimmte Laute oder Wörter einer Situation zuzuordnen. So sagte z. B. ein Wellensittich, den ich vorübergehend zur Pflege bei mir hatte, am späten Abend, wenn er müde war und schlafen wollte, ich aber noch im Zimmer hantierte, unentwegt »Gute Nacht, jetzt«. Das war eine deutliche Aufforderung an mich, ihn allein zu lassen.

Die Lust am Sprechen fördern

Nützen Sie am besten das traute Beisammensein mit Ihrem Wellensittich dazu, ihm das Sprechen beizubringen.

Beginnen Sie den »Sprachkurs« zu einer Zeit, in der es ruhig bei Ihnen Daheim

zugeht. Erfinden Sie für bestimmte Situationen einen kurzen Satz, der stets zu gegebener Zeit wiederholt wird, z. B. »Das ist was Feines«, wenn Sie ihm ein Stück Kolbenhirse reichen. Hat der kleine Sprechkünstler diesen Satz aufgenommen, gehört er zu seinem Repertoire, das Sie ihm während der »Sprechstunde« immer wieder vorsagen müssen.

Mein Manky kam mehrmals täglich zu mir, damit ich ihm seinen Wortschatz erzählte. Da ich aber nicht immer Zeit und Lust dazu hatte, sprach ich sein Repertoire auf ein Band und ließ es für ihn durch ein kleines Mikrophon erklingen. Er lag dann buchstäblich mit dem Bauch auf dem Mikrophon und

Opfern Sie Ihrem Wellensittich ein Taschenbuch, das er nach Herzenslust zernagen darf. Damit ist für stundenlange Beschäftigung gesorgt.

lauschte hingebungsvoll. Eine etwas zu lange Atempause machte ihn ungeduldig, und er setzte die Aufsage selbst fort, wobei er sich niemals in der Reihenfolge irrte.

Wenn ich telefonierte, war Manky sofort auf meiner Hand nahe der Sprechmuschel und plapperte los. Viele Anrufer fragten verblüfft, was ich da gesagt hätte und behaupteten, die Stimme des Vogels sei meiner zum Verwechseln ähnlich. Oft werde ich gefragt, wie lange es dauert, bis ein begabter Wellensittich sprechen kann. Natürlich hängt das davon ab, mit welcher Intensität und Regelmäßigkeit man mit dem Vogel übt. Nimmt man sich die Zeit täglich, kann man in drei bis fünf Monaten mit den ersten Erfolgen rechnen. Begabte Vögel können bis zu 30 Wörter nachsprechen. »Genies« merken sich über 100 verschiedene Wörter!

Hinweis: Ein Wellensittich, mit dem man sich nicht von Anfang an ausgiebig beschäftigt hat, oder ein Vogel, der ausschließlich unter Artgenossen, etwa in einer großen Voliere, gelebt hat, wird wahrscheinlich nicht mehr mit dem Sprechen beginnen.

Beschäftigung für einsame Stunden

Nicht immer hat man die Zeit, sich ausgiebig mit seinem Wellensittich zu beschäftigen, wenn er gerade Lust dazu hat. Deshalb braucht er Dinge, mit denen er sich die Zeit vertreiben kann.

Einiges gibt es zu kaufen, anderes kann selbst gebastelt oder beschafft werden.

Solche »Spielplätze« für Wellensittiche gibt es im Zoofachhandel zu kaufen. Einziger Nachteil: die gedrechselten Sitzstangen (→ Seite 46).

Was kannst du für deinen Wellensittich basteln?

Wie wär's mit einem Spielzeug aus Bast? Es ist ganz einfach zu basteln. Du brauchst dazu nur ein Zentimetermaß, eine Schere und naturfarbenen Bast. Den Bast bekommst du in jedem Bastelgeschäft.

So wird's gemacht: Schneide dir 20 Bastfäden von je 15 cm Länge zurecht. Fasse die Fäden in einem Bündel zusammen. Knicke das Bündel in der Mitte um. Umwickle die Bastfäden etwa 2 cm unterhalb der Knickstelle fest mit einem weiteren Bastfaden und verknote ihn. Jetzt halten die Fäden zusammen. Durch die Schlaufe, die so entstanden ist, ziehst du noch einen Bastfaden. Hieran wird die Bastquaste im Käfig aufgehängt. Dein Vogel hat viel Spaß, wenn er die einzelnen Fäden mit dem Schnabel aus der Quaste herauszieht. Hat der Vogel das Spielzeug zerlegt, bastelst du ihm ein neues.

■ Zweige sind wichtig, damit der Wellensittich sein Nagebedürfnis befriedigen kann (→ Seite 48). Sie sind auch gut für die Gesundheit, denn der Vogel nimmt beim Nagen Mineralstoffe und Spurenelemente auf.

■ Ein etwas dickeres Baumwoll- oder Hanfseil, das vom Käfigdach oder vom Freisitz herunterhängt, lädt zum Turnen und Klettern ein. Mit einigen Knoten versehen wird es noch interessanter für den Wellensittich.

■ Gitterbällchen sind aus Kunststoff und in ihrer Mitte befindet sich ein Glöckchen. Das Bällchen ist so leicht, daß es der Vogel im Schnabel transportieren kann.

■ Kleine Kreisel aus Holz oder Kunststoff faszinieren die meisten Wellensittiche. Wenn man den Kreisel dreht, verharrt der Vogel zunächst in gebührendem Abstand. Läßt das Kreiseln nach, und das Spielzeug beginnt zu wackeln, stupst der Wellensittich es mit dem Schnabel an.

■ Schaukeln kann man kaufen oder z. B. aus Holz-Gardinenringen, die mit Bast umwickelt werden, selbst basteln.

■ Einzeln gehaltene Wellensittiche erwählen sich oft Gegenstände als Ersatzpartner wie z. B. den Kunststoff-Wellensittich oder einen kleinen Spiegel (→ Seite 115).

Hinweis: Alle Spielzeuge zum Aufhängen an einem kurzen, dünnen Kettchen oder an einer kurzen, dicken Schnur so befestigen, daß sich der Vogel nicht daran strangulieren kann.

Haltungsprobleme richtig lösen

Federrupfen

Problem: Große, alleingehaltene Papageien beginnen oft damit, sich die Federn auszurupfen. Das kann bis auf die Kopfregion zur völligen Kahlheit führen. Bei Wellensittichen kommt das seltener vor, doch sind Fälle bekannt.

Mögliche Ursachen: Es ist nicht erforscht, ob diese »Sucht« auf eine psychische Störung, auf eine Mangelerscheinung, eine Stoffwechselstörung oder auf Parasiten zurückzuführen ist. Der Beginn dieser krankhaften Erscheinung fällt meist mit der Trennung von der Bezugsperson oder dem Vogelpartner zusammen. Andere Papageien lebten jahrelang allein in menschlicher Gesellschaft und begannen ohne ersichtlichen Grund mit dem Federrupfen.

Abhilfe: Sollte Ihr Wellensittich eines Tages mit dem Federrupfen beginnen, lassen Sie ihn vom Tierarzt untersuchen. Probieren Sie, dem Rupfen Einhalt zu gebieten, indem Sie dem Wellensittich viel Zuwendung schenken und ihn mit einem Artgenossen vergesellschaften.

Aggression

Problem: Mehrere Wellensittiche leben zusammen in einem geräumigen Käfig, sie vertragen sich aber nicht.

Ursachen: Aggressives Verhalten kommt in jeder engen Lebensgemeinschaft auf, auch bei Wellensittichen. In der Natur lösen Wellensittiche derartige Konflikte, indem sie ausweichen und wegfliegen. Nur selten gibt es eine Verfolgungsjagd.

■ Streiten zwei Weibchen um eine begehrte Bruthöhle, kann die Auseinandersetzung bis zu Schnabelhieben führen. Das Männchen hilft seinem Weibchen nicht in diesem Streit, es bleibt abseits, denn es hat eine angeborene Angriffshemmung gegen Weibchen. Das schwächere Weibchen beendet den Konflikt durch Wegfliegen und wird sofort vom Männchen zu anderen, möglichen Brutplätzen begleitet.

■ Kommt es zwischen zwei Männchen zu Konflikten, etwa beim Rivalisieren um ein bestimmtes Weibchen, so drohen die Kontrahenten einander hochaufgerichtet mit eng anliegendem Gefieder und vorgerecktem Schnabel. Ist keiner der beiden Vögel dadurch ausreichend eingeschüchtert, folgen Schnabelhiebe mit halb geöffnetem Schnabel in Richtung des Gegners, ohne diesen jedoch zu berühren. Begleitet wird der »Kampf« von Drohlauten. Die Aggression löst sich meist durch das Wegfliegen eines der beiden Vögel.

■ Anders bei Wellensittichen, die zu mehreren als Heimvögel in einer Voliere oder in einem Raum oder gar in einem Käfig gehalten werden. Der Raum ist in jedem Fall zu begrenzt, Wegfliegen bringt den unterlegenen Vogel nicht unbedingt außer Sicht. Er kann von seinem Rivalen verfolgt und erneut bedroht werden. Zwischen zwei Männchen kann es dann zu einem regelrechten Schnabelduell kommen. Eines der beiden Männchen wird schließlich seinem Gegner einen Fuß kräftig gegen die Brust stemmen und ihn so zur Aufgabe zwingen.

Zwei rivalisierende Weibchen sind beim Streit um einen Nistkasten oder um ein Männchen wesentlich angriffslustiger und rigoroser als Männchen. Sie verfolgen einander und versuchen, sich gegenseiig Federn auszureißen. Das tärkere Weibchen beißt das chwächere in die Zehen, so daß oft sogar Blut fließt. Diese Aggressionen zwischen zwei Weibchen können sich über Wochen hinziehen, und meist st immer das schwächere unterlegen.

Abhilfe: In Voliere oder Brutraum jedem Pärchen möglichst zwei Brutkästen anbieten, alle in gleicher Höhe angebracht. Für mehrere Pärchen Sichtschutz durch Pflanzen anbringen.

Niemals drei Wellensittiche verschiedenen Geschlechts zusammen halten oder mehrere Pärchen und dazu einen unverpaarten Vogel.

Flugunfähigkeit

<u>Problem:</u> Der Wellensittich verliert soviele Federn, daß er nicht mehr fliegen kann.

<u>Ursache:</u> Der Vogel befindet sich in der Mauser. Sie ist keine Krankheit, sondern ein natürlicher Vorgang zur Erneuerung des Gefieders.

Im Freileben mausern Wel-

lensittiche meist nach dem Brüten, ehe die Schar sich auf die Suche nach neuen Nahrungsgründen begibt.

Als Heimvogel mausert der Vogel ein- bis zweimal im Jahr. Der Verlust kleiner Federn fällt kaum auf, sie wachsen in wenigen Tagen nach. Fehlen dem Vogel aber beispielsweise die langen Schwanzfedern, wirkt er ein paar Wochen lang etwas drollig.

Vor allem ältere Wellensittiche verlieren während der Mauser manchmal so viele Federn, daß sie zeitweilig nicht fliegen können.

<u>Abhilfe:</u> Einem vorübergehend flugunfähigen Vogel Kletterhilfen wie Hanfseile oder Zweige anbieten. So kann der Vogel kletternd vom Boden in den Käfig gelangen oder vom Käfig zum Freisitz. Während der Mauser sollte der Vogel gekeimte Samen und viel Frischkost bekommen und in seinen Ruhepausen nicht gestört werden. Er ist in dieser Zeit besonders empfindlich gegen Zugluft und Temperaturschwankungen.

Hinweis: Wie viele Vogelarten reagiert der freilebende Wellensittich bei Gegriffenwerden durch einen Feind mit der Schreckmauser. Er wirft

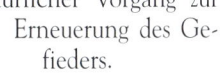

Viel Freude kann so ein kleiner Wellensittich dem Menschen bereiten.

113

sein Schwanzgefieder ab und überläßt es dem Feind. Selten reagieren auch Heimvögel auf das Gegriffenwerden mit Schreckmauser. Sollte das aus irgendeinem Grund passieren, den Vogel einige Tage im Käfig halten, ihm viel Rücksicht und Fürsorge entgegenbringen, bis er den Schock überwunden hat. Prüfen, ob der Vogel wieder flugfähig ist, ehe er aus dem Käfig darf.

Nicht nachwachsende Federn

Problem: Bereits dem Nestling fallen mit etwa 4 Wochen die Schwung- und Flugfedern aus oder brechen ab. Entweder wachsen sie überhaupt nicht nach oder der Vogel verliert sie noch vor Erreichen der Flugfähigkeit erneut.
Ursache: Französische Mauser, eine spezielle Wellensittichkrankheit. Die Vögel können dann nicht fliegen, weshalb man auch von der Hopser- oder Rennerkrankheit spricht. Manchem Hopser wachsen nach der Jugendmauser bleibende Federn. Doch sollten diese Vögel von der Zucht ausgeschlossen werden.
Abhilfe: Diese Hopser können

sehr zahme Heimvögel werden. Sie müssen in einem geräumigen Käfig gehalten werden, wo sie Gelegenheit haben, viel zu klettern und zu knabbern.

Der Wellensittich gibt keinen Ton mehr von sich

Problem: Früher zwitscherte der Wellensittich munter vor sich hin. Jetzt gibt er seit einiger Zeit keinen Ton mehr von sich.
Mögliche Ursache: Der Vogel ist alt. Ein Wellensittich kann 12 Jahre alt werden, manche erreichen auch ein Alter von 14 oder gar 16 Jahren. So lange ein Wellensittich gesund ist, aktiv, an seiner Umgebung interessiert, Kontakt zu »sei-

nem« Mensch oder seiner Vogelpartner hält, kann man ihn nicht als alt bezeichnen egal wie viele Jahre er bereit lebt.
Ein alternder Wellensittich zieht sich allmählich imme mehr in sich selbst zurück un verläßt kaum noch seiner Lieblingsplatz. Das Lieblings spielzeug wird nicht mehr wi früher als Ersatzobjekt gefüt tert und umbalzt. War er bis her sprech- oder zwitscherfreu dig, so läßt er jetzt sein Ge plapper oder Gezwitscher im mer seltener hören, oder e verstummt völlig. Meist ist da Altern eines Wellensittich auch von einem »Zipperlein begleitet, etwa dem übermäßi

Der einzel gehaltene Vogel erwählt sich oft ein Spielzeug als Ersatzpartner.

en Wachstum von Krallen der Oberschnabel. Eine schwäche in den Füßen veranlaßt ihn, auf beiden Füßen uhend zu schlafen. Die Ruhepausen während des Tages verden immer ausgedehnter.

Wie man ihm helfen kann: Betreuen Sie ihn sanft und liebevoll, geben Sie ihm so oft wie möglich eine bevorzugte Frucht oder einen begehrten Leckerbissen. Sprechen Sie viel mit ihm und kraulen Sie ihn sacht, wenn er daran gewöhnt war.

Finden Sie heraus, ob ihm die Bestrahlung mit Infrarotlicht angenehm ist. Wenn ja, darf der Strahler in entsprechendem Abstand vom Käfig Tag und Nacht eingeschaltet bleiben (→ Seite 72). Vermeiden Sie jede unnötige Störung, jedes Erschrecken. Beobachten Sie den Vogel und versuchen Sie herauszufinden, ob er Schmerzen hat. Manchmal geht das Altern eines Vogels mit einer nicht auffallenden Erkrankung einher. Bringen Sie ihn zum Tierarzt, wenn er leidet. In diesem Fall sollten Sie ihm das einzige Vorrecht zugestehen, das das Tier vor dem Menschen hat, nämlich unnötiges Leiden durch Einschläfern zu beenden.

Spielzeug als Ersatzparter

Problem: Das einzel gehaltene Wellensittich-Männchen umbalzt sein Spielzeug, einen Wellensittich aus Kunststoff und versucht es zu begatten.
Ursache: Der Wellensittich verhält sich dem Spielzeug gegenüber so, als ob es sein Weibchen wäre. Ein Weibchen sieht in dem Spielzeugvogel weniger den Partner als eher sein Küken, das es füttert. Auch andere Gegenstände werden als Ersatzpartner erwählt. Das kann z. B. der Spiegel, der im Käfig hängt, sein. Es gibt Meinungen, die den Spiegel als ungeeignet für den Wellensittich ablehnen. Durch das Spiegelbild werde der Vogel unnötig sexuell erregt. Doch findet sich im Wohnbereich der Menschen immer ein Gegenstand, der dem Wellensittich sein Spiegelbild zeigt, sei es ein Messingleuchter oder eine polierte Fläche.
Der Spiegel im Käfig ist jedoch ein viel besserer Trost bei Einsamkeit. Der Vogel kann sich an ihn anschmiegen, sein Köpfchen hinter ihm verstecken oder dem spiegelnden

Artgenossen etwas erzählen. Mancher Wellensittich erwählt auch irgend einen kleinen Gegenstand aus dem Wohnbereich zum Ersatzpartner, den er ständig um sich haben möchte. Das kann ein kleines Schnapsglas sein, eine Figurette oder ein großer Knopf, den er im Schnabel umhertragen kann.
Abhilfe: Dem Vogel einen Artgenossen dazugesellen.

Zwei Wellensittiche aneinander gewöhnen

Problem: Der bisher einzeln gehaltene Wellensittich verträgt sich nicht mit seinem neuen Artgenossen.
Mögliche Ursachen: In der Natur kann ein Wellensittich innerhalb der Schar unter mehreren Artgenossen seinen Partner wählen. Das ist in der Obhut des Menschen nicht der Fall. Deshalb kann es vorkommen, daß ein Vogel den ihm zugedachten Partner ablehnt. Außerdem fühlt sich der Ältere als Revierinhaber, der das Recht hat, unliebsame Artgenossen zu vertreiben.
Abhilfe: Wenn Sie feststellen, daß ein Vogel den anderen attackiert, muß man die beiden wieder trennen.

Die Gewöhnung aneinander klappt am besten, wenn es Ihnen gelingt, einen Nestling zu bekommen (→ Seite 88). Bringen Sie den Nestling zunächt in einem kleinen Käfig unter.

Stellen Sie diesen Käfig in einem Raum getrennt vom bereits eingewöhnten Wellensittich auf. Der junge Vogel kennt noch keine Menschen und hat kaum Angst vor ihnen. Er läßt sich ohne Scheu in die Hand nehmen, mag sogar die Körperwärme und vertraut sich Ihnen völlig an.

Sprechen Sie zu ihm, damit er sich an Sie und an Ihre Stimme gewöhnt. Kann er noch nicht selbständig essen, füttern Sie ihn mit enthülsten, in einem Mörser zerquetschten Samenkörnern, die Sie auf den Boden streuen. Geben Sie dem Vogel zusätzlich in Ihrer Hand noch etwas zerbröselten Zwieback zu essen.

Nach drei oder vier Tagen können die beiden Wellensittiche zusammengebracht werden – zunächst unter Aufsicht! Dann kommt es auf das Verhalten des Revierbesitzers an, ob man die Vögel sich selbst überlassen kann oder ob sie noch einmal getrennt werden müssen.

Kann der Jungvogel allerdings noch nicht fliegen, muß sein Käfig zunächst in einer Ecke auf dem Boden stehen. Von hier aus darf der junge Wellensittich kletternd die Umgebung außerhalb des Käfigs erkunden.

Anfangs sollten Sie Kletterhilfen, z. B. Hanfseile, für den noch flugunsicheren Nestling anbringen, so daß er den Freisitz und den Käfig seines Artgenossen erreichen kann. Bereits nach einer Woche fliegt der Kleine fast so gewandt wie sein erwachsener Partner.

Hinweis: Das Geschlecht spielt bei der Wahl des zweiten Wellensittichs keine Rolle, wenn Sie keine Ambitionen zum Züchten haben. Denn leben zwei Vögel gleichen Geschlechts miteinander, so schlüpft einer der beiden Vögel mit der Zeit in die Rolle des fehlenden Geschlechtspartners.

Panische Angst

Problem: Der Wellensittich wird trotz aller Bemühungen nicht handzahm. Er drückt sich ängstlich in eine Ecke, sobald die Hand in den Käfig hineingestreckt wird.

Mögliche Ursachen: Das Vertrauen des Vogels zum Menschen ist gestört. Wahrscheinlich hat er in seiner Eingewöhnungszeit einige Schockerlebnisse gehabt. Ein solches Erlebnis kann das gewaltsame Einfangen mit der Hand sein oder er wurde gegen seinen Willen in die Hand genommen und herumgetragen. Gegriffenwerden ist für jeden Vogel ein Panik-Erlebnis.

Abhilfe: Nur mit viel Geduld und viel Zuwendung läßt sich vielleicht das Vertrauen des Vogels zum Menschen aufbauen. Oft sitzt das Erlebte jedoch so tief, daß der Vogel nie mehr richtig zahm wird.

Hinweis: Nehmen Sie den Vogel niemals in die Hand, schon gar nicht, wenn er noch handscheu ist. Versuchen Sie auch nicht, ihn im Flug zu fangen z. B. wenn er Freiflug im Zimmer hat, aber unbedingt in den Käfig zurück soll (→ Seite 104). Dabei können Sie ihn ungewollt verletzen. Muß der Vogel aus triftigem Grund gegriffen werden, so am besten im fast dunklen Zimmer. Er sieht dann schlecht und versucht nicht zu fliehen. Jede Jagd auf den Vogel macht bereits erworbenes Vertrauen zunichte.

Verlust des Partners

Problem: Als sein Partner starb, verlor der Wellensittich an allem sein Interesse. Er spielt nicht mehr, zwitschert nur noch leise vor sich hin und will seinen Käfig nicht mehr verlassen.

Ursache: Der Vogel trauert um einen Partner. Hat sich ein Wellensittich-Paar zusammengefunden, lebt es fest verbunden miteinander. Sie halten sich lebenslang die Treue.

Abhilfe: Besorgen Sie dem »Hinterbliebenen« einen neuen Partner.

Versuchen Sie, einen besonders jungen Vogel zu bekommen (→ Zwei Wellensittiche aneinander gewöhnen, Seite 115). Der »Alte« akzeptiert vielleicht den »Jungen« als sein Kind und wird z. B. dadurch, daß er versucht, das Kleine zu füttern, von seiner Trauer abgelenkt.

Kopfunter schlafen

Problem: Der Wellensittich schläft nicht wie normalerweise auf einem Bein ruhend, den Kopf ins Rückengefieder eingezogen, sondern am Käfigdach hängend, kopfunter.

Mögliche Ursachen: Es kann sich dabei um eine Eigenart des Vogels handeln. Möglich ist auch,

daß der Wellensittich damit auf sich aufmerksam machen möchte.

Abhilfe: Beschäftigen Sie sich ausgiebig mit dem Vogel. Vielleicht braucht er mehr Zuwendung.

Beschädigte Eier

Problem: Zwei Eier des Geleges haben leichte Risse. Ist die Brut noch zu retten?

Ursache: Es kommt häufiger vor, daß das Weibchen durch eine unvorsichtige Bewegung ein Ei beschädigt.

Abhilfe: Solange die Eihaut unter der Schale unverletzt ist, kann man versuchen, das Ei vorsichtig zu reparieren. Dazu die Schale eines Hühnereis verwenden. Brechen Sie ein passendes Schalenstück ab und kleben Sie es mit etwas Eiweiß (vom Hühnerei) auf die Schadstelle.

Zwei, die sich gut verstehen.

Meine Wellensittiche

Hier ist Platz für das Lieblingsfoto.

Name

Bekommen am

Züchter/Zoogeschäft/Freunde

Geschlecht

Gefiederfarbe

Fußring-Nummer

Besondere Kennzeichen

Lieblingsfutter

Typisch meine Wellensittiche

Tierarzt, Name, Adresse

Die **halbfett** gesetzten Seiten-
zahlen verweisen auf Farbfotos
und Zeichnungen.

A

bstellen der Flügel 94
Abtasten des Kropfes 89
After 34
Aggression 112
Alarmruf 12, 95
Albinos 36
Allergie 21, 127
Alter 19, 20, 33
– beim Kauf 33
An die Hand
 gewöhnen 102
Aneinander gewöhnen 115
Angriff-Laut 95
Angst 116
Artenschutz 30
Aufgehellter Weißer
 (Schwarzauge) **41**
Aufzuchtfutter 16, 87
Augen 33, 34
 -tropfen 74
Ausfuhrverbot 16
Aussehen 19
Ausstattung 46, 47
Australien 8
Australischer Schecke
 – Graungrün 38, **39**
Auswahl des
 Wellensittichs 2, 33

B

adehäuschen 48, 69, **70**
Baden **14**, **32**, **66**, 68, 69

Badezimmer 52
Balz 14, 15, 84
Beschäftigung 21, **22**, 48, 49,
 77, 104, 110
Bettellaut 95
Bewegungsmangel 92
Bezugsquellen 32
Blutgefäße **80**
Brustbein 34
Brut 19, 84, 86
 -beginn 19
 -dauer 19
 -ende 16
 -erfolge 86
 -fleck 84
 -höhle 8, 14, 15, 16
 -kasten **49**
 -paar 14, 84
 -störungen 85
 -zeit 85
Brüten 9, 14, 82, 85
Bücherregal 52
Bürzeldrüse 66

D

azufüttern 87
Desinfektion 79
Durchfall 77

E

iablage 16, 19
Eier. 15, 85
 –, beschädigte 117
 –, Kontrollieren der 86, **89**
 – pro Gelege 19
Eihaut 117

Einfangen 105
Eingewöhnen 100, 101
Einschläfern 115
Einschlupfloch 14, 82
Einzelhaltung 22, 23, 24
Einzelvogel 22, 23
Eisenchlorid **74**
Entwicklung
 der Jungen 16, **87**, 89
Erkältung 74
Ernährung 58 – 65
 – der Jungen 16, 87
Erste-Hilfe-Maßnahmen 72

F

alben 36, **41**
Farbschläge 36 – 41
 – Albino 41
 – Aufgehellt: Weiß
  Weißblau 38
 – Aufgehellt: Weiß Weiß-
  Dunkelblau-Violett 39
 – Dunkelblau 36
 – Dunkelgrün 36
 – Gelb 36
 – Grau 36
 – Graugrün 36
 – Hellgrün 38
 – Himmelblau 36
 – Olivgrün 36, 40
 – Violett 36
 – Weiß 36
 – Zimt Dunkelblau 40
 – Zimt Mauve-Grau 39
 – Zimtfarben 36
Federlinge 79
Federn **69**

–, nicht nach-
    wachsende 114
Federrupfen 112
Feinde, natürliche 10
Fenster vergittern 55
Fensterscheiben 103, 104
Fernsehapparat 46
Fische 25
Fliegen 12, **17**, **19**,
    20, **65**, **73**, **93**
Fliegenfänger 52
Flügelfedern 66
Flügelheben 94
Flügelschlagen 92
Flugunfähigkeit 113
Flugwanderung 13
Französische Mauser 114
Freiflug 21, **44**, **102**, 103
Freiland 8 – 18
Freisitz 104
–, Hänge- 54, 57

Frischkost 61, **62**, 64, 65
Fundtier 31
Fußboden 52
Füße 34
–, verkrüppelte **74**
Fußring 29, **88**, 88
Futter 58, **59**, **60**, **61**
  -automaten 47
  -menge 60
  -näpfe 47
  -qualität 58
  -spender 48
  -spritze 87
  –, unbekömmliches 63
Füttern
  – der Jungen 87
  –, gegenseitiges 14, **99**
Fütterungslaut 95

Gähnen 96
Gefahrenquellen
  ausschalten 52, 53
Gefieder 9, 13, 34
  –, eng angelegtes 94
  -farben 36 – 41
  –, geplustertes 94
  -pflege 35, 66, 67, **68**, 92
  -schütteln 94
  -stauballergie 21
  -zeichnung 33
Gefiederpflege,
  gegenseitige 66
Gegenstände, spitze 53
Gehirnerschütterung 81
Gelbgesicht **39**, 41
Gelege 15, 85
Gemüse 62, 63
Geräusche, unbekannte 104
Gesäumte 36
Geschichte des
  Wellensittichs 18
Geschlecht 23
Geschlechtsreife 19
Geschlechtsunter-
  scheidung 33

Kopfsalat, den man im Supermarkt kaufen kann, ist meist stark chemisch behandelt. Deshalb dem Wellensittich nur Kopfsalat aus eigenem oder biologischem Anbau anbieten.

Gewandtheit, körperliche	92, **99**
Gewicht	19
Gezeter	95
Gifte	52
Giftige Pflanzen	55
Greifen mit der Hand	104
Größe	19
Grundnahrung	58

Haltung, paarweise 22, 23
Haltungsprobleme	112, 113, 115, 117
Handaufzucht	**86**
Handzahm machen	**101**, 102
Hängefreisitz	54, 57
Harlekine	36
Hausapotheke	74
Heimat	8, 19
Heimtiere, andere	24, **25**, 26, 104
Heimtransport	100
Hitze	53
Hören	98
Hudern	86
Hund	24
Hygiene	69

Imponierverhalten 84
Infrarot-Dunkelstrahler	72
Insektenspray	53
Intelligenz	95
Iris	33

Jungvögel   16, 17, 86 – 89

Käfig   44, 45, **47**
-ausstattung	46
-gitter	45
-größe	44, 45
-standort	50, 51
Kalkstein	48
Kaninchen	**26**
Katze	24
Kauf des Vogels	32
Kaufvertragsrecht	30
Kehltupfen	13
Keime	63
Kerzenlicht	53
Kinder und Wellensittich	20, **22**, 25, 26, 27, **106**
Klarei	86
Klettern	92
Kloake	34
Knabberstangen	65
Kolbenhirse	**64**, 65, 102, 104
Kolonie	9
Kontaktaufnahme	**90/91**
Kontaktruf	12
Kopfkraulen	67
Kopulation	**12**, 18, **83**, 84, 85, 124, 127
Körnermischung	58
Körperbau	13
Körpersprache	92
Kot	69, 77, 78
Krallen, zu lange	80
Krallenschneiden	**80**

Krankheitsanzeichen	72, 81
Kratzen	21
Kräuter	61
Küken	16, 17, 86 – 89
– beringen	88
–, Entwicklung der	16, 89
–, Füttern der	16, 87

Landehilfe
für Nestlinge	88
Landen	104
Lärmbelästigung	30
Lateinischer Name	19
Lautäußerungen	10, 11, 12, 95
Lautgebung	10
Lebenserwartung	19, 20
Lebensraum	8, 9, 19
Lebensweise	9, 10, 12, 13
Leckerbissen	104
Lockerungsübungen	**92**
Lutinos	36

Männchen   21, 22, 33
Maske	33
Mauser	19, 113
Medikamente eingeben	**79**
Melopsittacus undulatus undulatus Shaw	19
Mietrecht	28
Milben	79
Mineralstoffe	61

Nachtruhe sichern 100
Nachweisbuch 84
Nachwuchs 13, 16, 17,
86 – 89
Nagen 48, 49, 56, **109**
Nager 24
Nahrung 58 – 65
– selbst zubereiten 63
–, unbekömmliche 63
Name des Wellensittichs 103
Nasenhaut **79**
Nasenlöcher 34
Nasentropfen einträufeln **79**
Naturzweige 47, 48, **71**, 111
Nestkontrolle 87
Nestlingszeit 19, 84
Niesen 78, 96
Nisthöhle 14
Nistkasten 82
Nistmaterial 82
Nistmulde 82

Oberschnabel,
zu langer 80
Obst **62**, 63
Opaline 36, **40**
Ornithose 81

Paarbindung 67
Paarung 12, 18, **83**, 84,
85, 124, 127
Paarungsverhalten 14, 15,
84, 85
Papageienkrankheit 81
Papierkorb 53
Parasiten 79
Pflege 66
– der Schwanzfedern 96
-maßnahmen 70, 71
Plustern 35, 94
Protestverhalten 97
Psittakose 81

Räudemilben 79
Rechtsfragen 28
Reinigungs-
maßnahmen 70, 71
Rezessiver Schecke **40**
– Dunkelgrün 40
– Grau 39, 40
– Olivgrün **40**
Riechen 99
Ringfuß,
Veränderungen am 80
Ringnummer 84

Sandröhrchen 49
Sandteppiche 49
Schau-Wellensittiche 36
Schecken 36, **38**,
39, 40
Schlafbaum 9, **10**
schlafen, kopfunter 117
Schlafhaltung 35, 94
Schmecken 99
Schnabel 13, 33, 66, 92
-pflege **67**
-wetzstein 47
Schnupfen 74
Schreckmauser 113
Schwanz 19
Schwanzfedern 13, 66
Sepiaschale 48
Sinne 98
Sittichräude 74
Sitzstangen 46
Spielen 106, **107**, **108**
Spielideen 107, 108

Viele Stunden am Tag verbringt ein Wellensittich mit der gründlichen Gefiederpflege.

Die Paarung wird mehrmals wiederholt, bevor sich Nachwuchs einstellt.

Spielzeug   48, 49, 104, 110, 111
Spielzeug als
  Ersatzpartner   115
Sprechen lernen   15, 20, 21, 108, 109, 110
Standards   36

Tarnfarbe   10
Tasten   98
Tierarzt   74, 75
Tierkörper-
  beseitigungsgesetz   31
Tod   115
Transport   75, **78**
Trauer   21, 117
Trinknäpfe   47
Trinkwasser   61
  -spender   47
Türen, offene   53

Übersprungshandlung   97
Urlaubsversorgung   27

Verhalten, soziales   22
Verhaltensweisen   92, 94, 95, 96, 97, 123
Verlangenslaut   95
Verlegenheitsgesten   96
Verlust des Partners   117
Verstehen lernen   90 – 117
Verstopfung   78

Vitaminpräparate   65
Vogelbaum   56, **57**
Vogelgesellschaft   24
Vogelkauf   32 – 35
Vogelmilbe, rote   79
Vogelsand   48
Vogelzimmer   51

Wachshaut   33
Wärmebehandlung   72
Warnruf   10, 95
Wasserspender   47, 48
Wegfliegen   54
Weibchen   21, 22
Wellensittich
  –, alter   114
  –, erwachsener   33
  –, gesunder   34
  –, junger   33
  –, kranker   35
  –, olivgrüner   **40**
  -Paar   34

  -Steckbrief   119
  –, violettfarbener   **41**
Wellenzeichnung   13
Wissenschaftlicher Name 19
Wunden, blutende   77, **79**

Zählvermögen   96
Zahmheit   23
Zehen   34
Zetern   95
Ziergefäße   53,
Zimmerpflanzen   50, 55
Zimmervoliere   46
Zucht   28, 82 – 89
Züchter   33
Zuchtgenehmigung   84, **85**
Zuchtvarianten   36
Zugluft   51
Zusatzkörner   65
Zuwendung   21
Zweige   111
Zwitschern   12

Adressen, die weiterhelfen

AZ (Vereinigung für Artenschutz, Vogelhaltung und Vogelzucht e.V.), PF 1168
71501 Backnang
(Anfragen nur schriftlich)
www.azvogelzucht.de

DWV Deutsche Wellensittich-Vereinigung in der Vereinigung für Artenschutz, Vogelhaltung und Vogelzucht AZ e.V.,
PF 1168,
71501 Backnang
(Anfragen nur schriftlich)

DSV Deutsche Standard-Wellensittich-Züchter-Vereinigung e.V.,
Geschäftsstelle: Maria Heinrich, Amselweg 1,
97332 Volkach
www.dsv-ev.de

Der Blaue Kreis
Zoologische Gesellschaft Österreichs für Tier- und Artenschutz,
Goldschlagstr. 15,
A-1150 Wien
(Anfragen nur schriftlich)

Anschriften von Vogelclubs und -vereinen können Sie auch bei den vorgenannten Verbänden erfragen.

Fragen zur Vogelhaltung

beantworten Ihr Zoofachhändler und der Zentralverband Zoologischer Fachbetriebe Deutschlands e.V. ,
Rheinstr. 35, 63225 Langen,
Tel.: 06103/910732
(nur telefonische Auskunft möglich), ww.zzf.de

Bücher, die weiterhelfen

(falls nicht im Buchhandel, dann in Bibliotheken erhältlich)

Aeckerlein, W.: *Die Ernährung des Vogels*.
Ulmer Verlag, Stuttgart.

Albrecht, E.: *Käfig- und Volierenbau*.
Rasch und Röhrig Verlag, Hamburg.

Bielfeld, H.: *Wellensittiche. Haltung, Pflege, Ernährung, Zucht*.
Bassermann Verlag, Niedernhausen.

Birmelin, I.: *Wellensittiche*.
Gräfe und Unzer Verlag, München.

Ebert, U.: *Vogelkrankheiten*.
Verlag M. u. H. Schaper, Alfeld (Leine).

Pahlow, M.: *GU Kompaß Kräuter und Wildfrüchte*.
Gräfe und Unzer Verlag, München.

Podlech, D.: *GU Naturführer Heilpflanzen*.
Gräfe und Unzer Verlag, München.

Robiller, F.: *Vogelkäfige und Volieren*.
Augustus Verlag, Augsburg.

Zeitschriften
Gefiederte Welt
Ulmer Verlag, Stuttgart

Die Voliere
Verlag M. u. H. Schaper, Alfeld (Leine)

AZ Nachrichten
Vereinsgebundene Zeitschrift für Mitglieder der AZ
(→Adressen)

DSV Nachrichten
Vereinsgebundene Zeitschrift für Mitglieder der DSV
(→Adressen)

WP-Magazin
Zeitschrift für Wellensittich- und Papageien-Halter.
Arndt Verlag, Bretten

Die Autorin

Die Vogelexpertin Annette Wolter hält seit vielen Jahren Wellensittiche und ist Autorin eines der erfolgreichsten Wellensittich-Bücher. Sie lebt und arbeitet in Frankreich, von wo aus sie regen Kontakt zu Tierärzten, Verhaltensforschern und Züchtern hält, um in Sachen Vogelhaltung stets auf dem Laufenden zu sein.

Der Fotograf

Die Aufnahmen in diesem Buch stammen von Uwe Anders, mit Ausnahme von Arendt und Schweiger/H. Schweiger: Seite 6/7, 8, 10/11, 12, 92/93; Informationsstelle für Heimvögel: Seite 105, 106, 113; Juniors: Seite 90/91; Reinhard: Seite U1 (großes Foto); Wegler: Seite 9, 14, 16, 32, 33 li., re., 40 u., 41 o.re., 47, 48 li., 51, 52, 55 u., 61, 63, 65 o., u., 69, 71, 74, 94, 98, 102, 103 u., 108 o., u., 117. Uwe Anders ist Diplombiologe und seit vielen Jahren als freier Naturfotograf und als Kameramann für Naturfilmproduktionen tätig. Er schreibt Artikel zu Naturthemen und unterrichtet an verschiedenen Institutionen Natur- und Reisefotografie. Im Gräfe und Unzer Verlag sind bereits zahlreiche Tier-Ratgeber mit seinen Aufnahmen erschienen.

Die Zeichnerin

Renate Holzner arbeitet als freie Illustratorin. Ihr breites Repertoire reicht von Strichzeichnungen über fotorealistische Illustrationen bis hin zur Computergrafik.

Dank

Autorin und Verlag danken Herrn Herbert Hummel, Züchter und von 1988 bis 1994 1. Vorsitzender der Deutschen Standard-Wellensittich-Züchter-Vereinigung e.V. für seine Beratung und Unterstützung sowie Herrn Reinhard Hahn für den Beitrag »Rechtsfragen zur Tierhaltung«.

Die Fotos auf dem Buchumschlag

Umschlagvorderseite: *Männchen sind an der blauen Wachshaut zu erkennen (großes Foto). Hübscher blauer Wellensittich (kleines Foto).*
Umschlagrückseite: *Das Spiel mit dem Gitterbällchen schafft Abwechslung (Freisteller oben); Hingebungsvoll wird das Kopfgefieder des anderen Vogels gekrault (Foto oben); So wäsch sich ein Wellensittich (Foto Mitte); Gähnender Wellensittich (Foto unten).*

Impressum

© 1996 GRÄFE UND UNZER VERLAG GmbH, München. Unveränderte Nachauflage der 4. Auflage. Alle Rechte vorbehalten. Nachdruck, auch auszugsweise, sowie Verbreitung durch Bild, Funk, Fernsehen und Internet, durch fotomechanische Wiedergabe, Tonträger und Datenverarbeitungssysteme jeder Art nur mit schriftlicher Genehmigung des Verlages.

Redaktion: Gabriele Linke-Grün, Anita Zellner
Layout: Heinz Kraxenberger
Zeichnungen:
Renate Holzner
Herstellung:
Heide Blut/Verena Römer
Satz: Heide Blut
Reproduktion:
Penta Repro
Druck und Bindung: Appl

ISBN 3-7742-5528-8

Auflage   5.
Jahr   2005 04

Wichtige Hinweise

In diesem Buch geht es um die Haltung und Pflege von Wellensittichen.

Menschen, die an einer Feder- beziehungsweise Federstauballergie leiden, sollten keine Vögel halten. Fragen Sie im Zweifelsfall vor der Anschaffung den Arzt.

Beim Umgang mit Wellensittichen können Verletzungen durch Beißen oder Kratzen vorkommen. Lassen Sie solche Verletzungen sofort vom Arzt versorgen.

Die „Papageienkrankheit" (Psittakose, Ornithose) tritt heute bei Wellensittichen sehr selten auf (→ Seite 81), aber sie kann bei Menschen und Wellensittichen zum Teil lebensgefährliche Krankheitserscheinungen hervorrufen. Gehen Sie deshalb im Zweifelsfall mit dem Wellensittich zum Tierarzt, suchen Sie bei Erkältungs- oder Grippeerscheinungen unbedingt selbst den Arzt auf und weisen Sie diesen auf die Vogelhaltung hin.

Wellensittich-Ratespiel (hintere Buchklappe) Auflösung

1a   (→ So »wäscht« sich ein Wellensittich, Seite 66)

2b   (→ Nachwuchs in der Vogelschar, Seite 14)

3a   (→ So »wäscht« sich ein Wellensittich, Seite 66)

4b   (→ Die Körpersprache, Seite 94)

5b   (→ Die gegenseitige Gefiederpflege, Seite 66)

6a   (→ Die Körpersprache, Seite 94)

7a   (→ So »wäscht« sich ein Wellensittich, Seite 66)

8a   (→ Die Körpersprache, Seite 94)

9a   (→ Die Körpersprache, Seite 94)

10a (→ So »wäscht« sich ein Wellensittich, Seite 66)

Zum akrobatischen Kunststück wird die Paarung, wenn das Männchen auf den Rücken des Weibchens steigt.

Das Wellensittich-Ratespiel

Hier kannst du testen, ob du deinen Wellensittich schon genau kennst. Kreuze bei jedem Bild die richtige Antwort an. Die Auflösung findest du auf Seite 127.

Häufiges Gähnen deutet auf Sauerstoffmangel hin.

1 ☐ *a) Der Vogel putzt sich die Flügel.*
☐ *b) Er kratzt sich mit dem Schnabel.*

2 ☐ *a) Die Vögel schnäbeln miteinander.*
☐ *b) Das Männchen füttert das Weibchen.*

3 ☐ *a) Der Vogel kratzt sich.*
☐ *b) Der Vogel schläft.*